Wok

Blitzrezepte

herausgegeben von Annette Sabersky

Sie möchten schnell etwas Leckeres kochen und sind offen für Neues? Dann ist der Wok genau das Richtige für Sie. Denn in der fernöstlichen Super-pfanne lassen sich ruck, zuck köstliche Gerichte zau-bern. Alle Rezepte in diesem Buch sind in maximal 30 Minuten fertig zubereitet. Noch schneller geht's natürlich, wenn Sie nur kleine Mengen kochen wollen. Passen Sie die Zutatenmengen an oder schauen Sie einfach in das Extra-Kapitel mit turbo-schnellen Rezepten für zwei Personen. Viel Spaß!

Inhalt

Alle Rezepte
auf einen Blick

	Seite	kcal je Portion	einfach	preiswert	<300 kcal	Vitalstoffe	scharf	raffiniert	für Kids	für Gäste
Schweinefleisch süß-sauer	12	440	+	+						
Kalbsröllchen in Weinsauce	14	320						+		+
Würstchengulasch	15	460	+	+					+	
Lammkeule mit Honigspinat	16	480						+		+
Rindfleisch mit Sprossengemüse	17	350				+				+
Putengeschnetzeltes mit Mais	18	270	+		+		+			
Hühnersuppe mit Kokos	20	220	+		+		+	+		
Hähnchenbrust mit grünem Pfeffer	21	300					+			+
Hühnerleber mit Champignons	22	380	+					+		
Schollenröllchen auf Blattspinat	24	270			+	+			+	+
Kabeljau in Dillsauce	26	260	+		+	+				+
Würziges Fischragout	27	180	+		+	+				
Rotbarsch-Gemüse-Pfanne	28	240	+		+	+	+			
Forellenfilet mit Zucchini	29	250	+	+	+					
Lachsfilet im Reisblatt	30	310						+		+
Gebratene Hummerkrabben	32	260	+		+	+	+			
Papaya-Tomaten-Topf mit Krabben	33	150			+	+		+	+	
Austernpilzpfanne	34	140	+		+	+			+	+
Brokkoligemüse mit Tofu	36	180		+	+	+			+	
Frittierte Zucchini	37	580	+	+						

	Seite	kcal je Portion	einfach	preiswert	< 300 kcal	Vitalstoffe	scharf	raffiniert	für Kids	für Gäste
Scharf-saures Gemüse	38	210			+	+	+			
Pak Soi mit Cashewkernen	39	170			+	+	+	+		
Paprika-Schafskäse-Pfanne	40	270	+		+	+				+
Salat aus Mungobohnenkeimen	42	200	+	+	+	+				
Paprika-Sprossen-Pfanne	43	160			+	+	+			
Reis mit Rinderfilet und Spargel	44	490				+	+			
Gebratener Reis mit Eiern	46	340		+			+			
Reisnudelsuppe	47	270		+	+	+				
Gebratene Glasnudeln mit Hühnerbrust	48	530						+	+	
Nudeln mit Krabben in Safransauce	49	720	+							+
Lauchnudeln mit Erdnüssen	50	410	+	+					+	
Süße Bandnudeln mit Trauben	51	650	+						+	
Hackfleischpfanne mit Chinakohl	52	220	+	+	+				+	
Kalbsschnitzel mit Zitronensauce	54	170	+	+	+					
Grüne Nudeln in Knoblauch-Mandel-Sauce	55	470	+							+
Rührei mit Räucherlachs	56	210	+		+					
Wirsing in Käsesahne	57	350		+		+			+	
Huhn mit Ananas	58	250	+		+				+	
Scharfes Gemüsecurry	60	160	+		+		+	+		
Schweinefilet mit Äpfeln	61	190	+		+					+

Fernöstliches für Entdecker und Genießer

Auch wer China noch nicht besucht hat, hat wohl schon einmal von dem beliebtesten asiatischen Kochgefäß gehört: dem Wok. Darin lassen sich Gemüse, Fisch, Fleisch und Geflügel zubereiten, aber auch Gerichte mit Nudeln, Reis und dem eiweißreichen Tofu. Da im Wok alles nur wenige Minuten gart, bleiben Geschmack, Aussehen und auch die empfindlichen Vitamine besonders gut erhalten.

Die Superpfanne

Ohne den Wok geht in der chinesischen Küche gar nichts. Ursprünglich wurde die große Pfanne mit dem hochgezogenen Rand in Bauernküchen eingesetzt. Dort gab es oft nur eine einzige Feuerstelle, sodass zwangsläufig alle Zutaten in nur einem Gefäß gegart werden mussten. Der ursprüngliche Wok, zu Deutsch „Kochgefäß", hatte einen gewölbten Boden, da er direkt über das offene Feuer gehängt oder mithilfe eines Rings aus Metall auf die Feuerstelle gestellt wurde. Heute gibt es eine Vielzahl von Woks. Sie sind unten abgeflacht und können sowohl auf den Elektro- als auch auf den Gasherd gestellt werden. In elektrischen Woks kann man auch bei Tisch garen.

Das Material der Wahl

Entscheidend für das Kochen im Wok ist das Material, aus dem die Pfanne besteht. Es muss die Wärme gut speichern und gleich-zeitig gut weiterleiten können. Geeignet sind sowohl Gusseisen als auch Edelstahl.

Gusswoks sind robust und sehr schwer. Wegen ihrer Standfestigkeit kann man darin kräftig rühren, was für manche Gerichte von Vorteil ist. Das Material speichert jedoch die Wärme sehr lange, sodass die Speisen in diesen Woks nachgaren. Damit Gemüse nicht seinen Biss verliert oder Fleisch und Fisch zu sehr austrocknen, müssen diese Speisen also gleich nach der Zubereitung gegessen oder umgefüllt werden.

Woks aus Edelstahl kommen der ursprünglichen Wokpfanne am nächsten. Sie haben eine dünnere Außenwand als Gusswoks, leiten die Wärme aber ausgezeichnet. Sie sind nicht so schwer wie Gusswoks, was viele Köchinnen und Köche als angenehm empfinden.

In Woks mit einer Antihaftbeschichtung setzt nichts an und sie lassen sich besonders gut reinigen. Grundsätzlich sind Tragegriffe aus Holz günstiger als Griffe aus Metall, da man sich daran die Finger nicht verbrennt. Zum Umrühren am besten immer einen Holzlöffel verwenden, da der Wok sonst zerkratzt wird.

Kochen für zwei oder vier Personen

Bei der Größe des Woks kann man zwischen einer kleinen und einer großen Ausführung wählen. Die kleine Wokpfanne hat einen Durchmesser von etwa 25 cm und ist für alle richtig, die vorwiegend für sich allein

oder für 2 Personen kochen. Die meisten Woks jedoch sind mit einem Durchmesser von 40 cm für die Zubereitung von 4 Portionen geeignet. Doch auch in einem großen Woks kann man gut nur 1 oder 2 Portionen herstellen. Wer alleine oder zu zweit lebt, aber häufig für Gäste kochen möchte, sollte also ebenfalls eine große Pfanne haben.

Das Drumherum

Im Handel gibt es einiges Zubehör, das das Garen mit dem Wok erleichtert. Unentbehrlich ist der **Pfannenwender**. Er sollte am besten aus Holz sein, damit die Pfanne beim Umrühren nicht zerkratzt wird. Der **Sieblöffel** wird zum Herausheben bereits gegarter Zutaten aus dem Kochsud oder aus dem Frittieröl verwendet. Aus den kleinen Löchern kann die Flüssigkeit gut abtropfen. Auf dem **Rost**, der in den Wokrand eingehängt wird, können fertig gegarte Fisch- oder Fleischstücke warm gehalten werden.

Wenn die Speisen im Wok am Tisch serviert werden sollen, ist zum Warmhalten ein **Rechaud** unentbehrlich. Wichtig ist, dass der Rechaud zur Größe des Woks passt und dieser darauf einen guten Stand hat. Im Handel gibt es Unterstände, die entweder mit Spiritus oder mit einer Brennpaste betrieben werden. Brennpasten sind vorzuziehen, da Spiritus explodieren kann.

Universalgenie Wok

Das **Pfannenrühren** oder **Rührbraten** ist die typischste Garmethode für den Wok. Die klein geschnittenen Zutaten werden dabei blitzschnell unter ständigem Rühren zubereitet, sodass Aroma, Farbe und Vitamine sehr gut erhalten bleiben. In der Blitzküche wird vor allem diese Art des Garens angewendet, weil sie die schnellste der Zubereitungsarten ist. Beim Pfannenrühren wird der Wok zunächst erhitzt, dann gibt man das Öl hinein und erwärmt es, bis es leicht zu dampfen beginnt. Erst dann kommen die Zutaten in den Wok: Die mit der längsten Garzeit, etwa Möhren und Paprika, werden zuerst hineingegeben. Nach und nach kommen die übrigen Zutaten entsprechend der Garzeit dazu. Dabei schiebt man fertig Gebratenes wie Gemüse, Fleisch und Fisch am Pfannenrand hoch und schafft so Platz für die anderen Zutaten, die noch gebraten werden sollen.

Das **Schmoren** eignet sich für Zutaten, die beim Pfannenrühren nicht ausreichend durchgaren würden, z. B. größere Fleischstücke. Sie werden zunächst in wenig Fett scharf angebraten, dann mit etwas Flüssigkeit abgelöscht und anschließend bei geschlossenem Deckel und schwacher Hitze unter gelegentlichem Rühren geschmort.

Das **Kochen** im Wok eignet sich dagegen nur für die Herstellung von Suppen. Das Erhitzen großer Mengen an Flüssigkeit wäre sehr zeitaufwändig, außerdem gehen wichtige Vitamine und Mineralstoffe durch das Wegschütten der überschüssigen Brühe verloren.

Auch zum **Frittieren** ist der Wok geeignet. Durch die halbrunde Form der Pfanne benötigt man nur etwa halb so viel Fett wie in einem normalen Kochtopf oder in der Fritteuse. Zum Frittieren geeignet sind Fette, die sich hoch erhitzen lassen. Im Handel gibt es dafür spezielle gehärtete Frittierfette, beispielsweise Kokosfett, oder Öle wie Erdnussöl. Butter, Margarine und kaltgepresste Pflanzenöle sind dagegen ungeeignet, da sich beim Erhitzen gesundheitsschädliche Stoffe bilden.

Zum Frittieren erwärmt man das Fett so lange, bis sich kleine Blasen bilden, wenn man einen Holzlöffel in den Wok hält. Dann gibt man die vorbereiteten Zutaten in kleinen

Portionen in den Wok, wendet sie mehrmals und nimmt sie mit einer Schaumkelle wieder heraus. Dann legt man die frittierten Speisen auf Küchenkrepp, damit das überschüssige Fett abtropfen kann.

Übrigens: Das beim Frittieren anfallende heisse Fett bitte nicht in den Ausguss schütten, sondern in ein **hitzebeständiges Gefäß** umfüllen. Geeignet ist ein Einmachglas oder ein großes Marmeladenglas mit Schraubverschluss. Dieses Glas kann dann in den Hausmüll geworfen werden.

Frisches in der schnellen Küche

Viele Zutaten, die zum Wokgaren benötigt werden, sind altbekannt und in jedem Supermarkt erhältlich. Dazu gehören u.a. **Lauch**, **Frühlingszwiebeln**, **Zucchini**, **Karotten**, **Brokkoli**, **Blumenkohl**, **Chinakohl** und **Champignons**. Es gibt aber auch bestimmte Gemüse, Beilagen und Gewürze, die es vor allem in Asienläden, Gemüsefachgeschäften und in der Feinkostabteilung des Supermarktes zu kaufen gibt.

Pak Soi ist ein Gemüse, das im Aussehen und Geschmack an Mangold oder Spinat erinnert. Die Blätter sind etwas zarter, wes-

halb sie nur kurz gegart werden sollten. Frischer Pak Soi hat knackige, leicht glänzende Blätter und sollte am besten frisch verwendet werden.

Frische **Sojabohnenkeimlinge** gibt es in fast jedem größeren Supermarkt zu kaufen. Die knackigen, etwa 10 cm langen Sprossen sollten nur einige Minuten garen, sonst werden sie zu weich. In Reformhäusern und gut sortierten Märkten findet man auch würzig schmeckende Sprossen von Alfalfa, Rettich, Getreide und Hülsenfrüchten, die ebenfalls kurz gegart verwendet werden.

Shiitakepilze, auch unter dem Namen Tongupilze bekannt, sowie **Austernpilze** gehören zu den Edelpilzen. Im Supermarkt werden sie manchmal auch gemischt mit anderen Pilzen angeboten. Ihr Aroma ist so intensiv, dass auch schon kleine Mengen Wokgerichte bereichern. Bei der Vorbereitung werden die Pilze nur mit einem feuchten Tuch oder mit einem Pinsel abgerieben und der Stiel etwas gekürzt.

Frische Kräuter und **Gewürze** wie Petersilie, Dill, Basilikum, Kerbel und Knoblauch geben den Speisen den letzten Pfiff. Aus der Wokküche nicht wegzudenken sind auch frische **Chilischoten**. Sie sind leuchtend rot oder grün und sehen aus wie kleine lang gezogene Paprikaschoten. Je kleiner sie sind, desto schärfer schmecken sie. Frische Chilischoten kann man auch einfrieren. Vorsicht: Wenn man bei der Arbeit mit Chilischoten keine Haushaltshandschuhe trägt, muss man sich danach sofort die Hände waschen! Frischer **Ingwer** ist eines der am häufigsten verwendeten Gewürze der asiatischen Küche. Er duftet mild würzig, hat aber eine ausgeprägte Schärfe. Im Handel gibt es frische Knollen, die geschält, gehackt oder gerieben an die Speisen gegeben werden. In ein feuchtes Tuch eingewickelt, hält sich eine Knolle im Kühlschrank mehrere Wochen. **Koriander-** und **Zitronenblättchen** sind typische Würzkräuter der asiatischen Küche, die es bei uns in guten Gemüsefachgeschäften zu kaufen gibt. Korianderblättchen werden fein gehackt den fertigen Speisen beigegeben. Zitronenblättchen garen wie Lorbeerblätter unzerkleinert mit und werden kurz vor dem Servieren entfernt.

Aus dem Vorrat schöpfen

Reisbandnudeln, **Glasnudeln** und **Mie-Nudeln** sind die üblichen Teigwaren der asiatischen Küche und schon in wenigen Minuten fertig. Reisbandnudeln und Mie-Nudeln werden nicht gekocht, man übergießt sie nur mit reichlich heißem Wasser und lässt sie danach kurz ausquellen. Glasnudeln müssen etwa 5 Minuten in kaltem Wasser einweichen, dann schneidet man sie am besten mit einer Schere in Stücke, weil sie sich so besser portionieren lassen. Danach erwärmt man die Nudeln mit den fertig gegarten Speisen im Wok oder brät sie in heißem Öl an.

Minutenreis ist in weniger als 10 Minuten gar, da er in einem speziellen Verfahren vorbehandelt wurde. Aber auch herkömmlicher **Rundkorn-** und **Langkornreis**, hier insbesondere der zart nach Jasmin duftende **Basmatireis**, können in der schnellen Küche verwendet werden. Man setzt ihn auf, bevor man mit der Zubereitung der Wokpfanne beginnt. So ist der Reis fertig, wenn die restlichen Zutaten gar sind. Reis ist eine ideale Beilage zu fast allen Gemüse- und Fleischgerichten aus dem Wok. **Reispapier** besteht aus Reismehl und Wasser. Daraus kann man kleine pikante Teigtaschen herstellen und sie anschließend braten. Bevor die Teigtaschen pikant gefüllt werden, müssen die Blätter einzeln kurz in Wasser eingeweicht werden. Dann lässt man sie nebeneinander auf einem sauberen Geschirrtuch oder einem großen Schneidebrett abtropfen. Da die Zubereitung etwas aufwändiger ist, wurde Reispapier nur in wenigen Rezepten verwendet.

Platz sollte in der Tiefkühltruhe auch für **TK-Blattspinat**, **Pfannengemüse**, **Erbsen**, **Krabben** und verschiedene **TK-Kräuter** sein, beispielsweise Dill, Petersilie, Basilikum, Schnittlauch und Kräuter-Mischungen. TK-Gemüse und -Kräuter schmecken ebenso gut wie frische Ware, haben aber den Vorteil, dass sie bereits fertig vorbereitet sind.

Auch Dosen mit **Ananasstücken** oder **-scheiben**, **Maiskörnern**, **Kokosmilch** sowie **Bambussprossen** sollten immer im Vorratsschrank vorhanden sein. Bambussprossen, das spargelartige elfenbeinfarbene Gemüse, haben einen leicht bitteren Geschmack und werden halbiert oder in Streifen geschnitten in Dosen angeboten. Praktisch für die schnelle Küche sind auch ungewürzte passierte oder **gestückelte** Tomaten, die eine gute Grundlage für Saucen aus dem Wok sind.

Von den Würzsaucen ist wahrscheinlich die **Sojasauce** am bekanntesten. Sie wird aus Sojabohnen, Weizen- oder Reisschrot, Zucker, Salz und Hefe hergestellt. Es gibt dunkle Sorten, die etwas süßlich-bitter schmecken, und helle Sojasaucen mit einem ausgeglichenen, milderen Geschmack. **Austernsauce** wird aus Fisch, Muscheln und Austern fermentiert, ist sehr dickflüssig und schmeckt etwas „nach Meer". Wegen ihres kräftigen Aromas, sollte sie nur sparsam verwendet werden. **Sambal Oelek** ist eine sehr scharfe Gewürzpaste aus Chilischoten, von der schon eine Messerspitze zum Abschmecken genügt – außer Sie mögen es besonders scharf. Etwas milder ist die süße **Chilisauce**, doch auch sie sollte man vorsichtig beim Abschmecken einsetzen. **Currypasten** bringen ebenfalls ein recht feuriges Aroma an die Speisen. Es gibt sie von sehr scharf bis mild. Da auch die mildeste Sorte noch recht scharf schmeckt, sollte man diese Pasten ebenfalls immer nur sparsam verwenden.

Auch getrocknete **Gewürze** sollte man immer zur Verfügung haben. In der Wok-Küche werden häufig Currypulver, Ingwerpulver, Kurkuma, Paprikapulver, Cayennepfeffer und schwarzer Pfeffer verwendet. Getrocknete **Pilze** kann ebenfalls man zu den Gewürzen zählen, da sie eingeweicht ein kräftiges Aroma an die Speisen bringen. Zum Abschmecken sollte man immer einen guten **Essig** im Haus haben, etwa Reisessig, Weißweinessig oder Apfelessig.

Zum Pfannenrühren und Schmoren benötigt man ein **Öl**, das hocherhitzbar ist. Geeignet sind geschmacksneutrale Sorten wie Sonnenblumen-, Maiskeim- und Sojaöl. Auch Olivenöl ist sehr schmackhaft, hat aber ebenso wie Sesam- und Traubenkernöl einen eigenen würzigen Geschmack.

Gut vorbereitet – schnell auf dem Tisch

- Räumen Sie die Küche auf und waschen Sie das Geschirr ab, bevor Sie mit dem Kochen beginnen. So steht Ihnen beim Kochen nichts im Weg.

- Lesen Sie das Rezept in Ruhe durch, bevor Sie beginnen.

- Stellen Sie alle Zutaten bereit, die für die Zubereitung benötigt werden, also Gemüse, Fleisch oder Fisch, Reis oder Nudeln und Gewürze.

- Wiegen Sie die Zutaten eventuell ab, damit Sie sie später schnell zur Hand haben.

- Möchten Sie zum Essen Reis, Nudeln oder Kartoffeln servieren, setzen Sie zuerst das Wasser auf. Größere Mengen Flüssigkeit brauchen Zeit, bis sie zu kochen beginnen.

- Bevor Sie mit dem Garen anfangen, putzen, waschen und zerkleinern Sie das Gemüse, bzw. bereiten Sie Fleisch, Fisch und Geflügel vor. So liegt alles bereit, wenn es benötigt wird.

- Schneiden Sie das Gemüse nicht zu klein. Das spart Zeit und das Gemüse hat auch nach dem Garen noch Biss. Fleisch muss zum blitzschnellen Braten allerdings in recht dünne Streifen oder Scheiben geschnitten werden.

- Zutaten mit längeren Garzeiten werden immer zuerst in den Wok gegeben. Wenn sie gar sind, schiebt man sie am Rand der Pfanne hoch oder stellt sie warm und bereitet die anderen Zutaten zu.

- Kochen Sie von einem Gericht die doppelte Menge und frieren Sie einen Teil ein. Dann haben Sie eine schnell zubereitete Mahlzeit im Vorrat, die man durch einen Salat oder ein Dessert aufwerten kann.

Die Rezepte

Schweinefleisch süß-sauer

- **einfach**
- **preiswert**
- <300 kcal
- Vitalstoffe
- scharf
- raffiniert
- für Kids
- für Gäste

Zutaten

400 g Schweineschnitzel
1 walnussgroßes Stück frischer
Ingwer · 1 unbehandelte Limette ·
etwas weißer Pfeffer aus der
Mühle · 1 Prise Zucker ·
2 EL Sojasauce
2 EL Speisestärke
2 grüne Paprikaschoten · 250 g
Ananasstücke (aus der Dose)
4 EL Sojaöl
2 EL Apfelessig ·
$^1/_4$ l Hühnerbrühe (Instant) ·
2 EL frische Korianderblättchen,
ersatzweise Petersilie

Für 4 Personen
Zubereitungszeit: ca. 30 Min.
ca. 440 kcal je Portion

Tipp
In Asien isst man gern Klebreis zu **Fleisch.** Dafür 200 g Langkornreis unter fließendem kaltem Wasser waschen und mit 400 ml Wasser in einen Topf geben. Wer möchte, fügt noch etwas Salz hinzu. Den Reis einmal aufkochen lassen, kurz umrühren und bei geringer Hitze etwa 20 Minuten bei geschlossenem Deckel ausquellen lassen. Falls nach dem Garen noch etwas Wasser im Topf ist, den Reis mit geöffnetem Deckel einige Minuten auf der Herdplatte abdämpfen. Die Reiskörner sollten leicht aneinander haften.

1 Das Fleisch abspülen, trockentupfen und mit einem scharfen Messer in Scheiben und dann in dünne Streifen schneiden.

2 Für die Marinade den Ingwer schälen und fein würfeln. Die Limette heiß abwaschen, abtrocknen und die Schale abreiben. Die Ingwerwürfel und die Limettenraspel mit Pfeffer, Zucker und Sojasauce verrühren.

3 Die Fleischstreifen in eine flache Schüssel geben, die Marinade hinzufügen und beides miteinander mischen. Das Fleisch auf einem Tablett ausbreiten und die Speisestärke darüber sieben, dabei die Fleischstreifen wenden.

4 Die Paprikaschoten putzen, vierteln, entkernen, waschen und in kleine Rauten schneiden. Die Ananasstücke in einem Sieb abtropfen lassen.

5 Den Wok erhitzen, das Öl hineingeben und die Fleischstreifen darin bei mittlerer Hitze unter Rühren portionsweise anbraten. Dabei gebratene Fleischstreifen am Wokrand hochschieben und noch rohe in die Mitte geben.

6 Die Paprika- und Ananasstücke 1–2 Minuten unter Rühren mitbraten. Alles mit dem Apfelessig und der Brühe ablöschen und im geschlossenen Wok noch etwa 3 Minuten schmoren. Koriander bzw. Petersilie kurz vor Ende der Garzeit unter das Gericht heben.

Kalbsröllchen in Weinsauce

- einfach
- preiswert
- <300 kcal
- Vitalstoffe
- scharf
- **raffiniert**
- für Kids
- **für Gäste**

Zutaten

8 dünne, kleine Kalbsschnitzel
(je etwa 60 g) · etwas weißer
Pfeffer aus der Mühle ·
4 hauchdünne Scheiben roher
Schinken, z. B. Parmaschinken ·
8 getrocknete Salbeiblätter ·
8 TL geriebener Parmesan

1 Möhre ·
1 Stange Staudensellerie

2 EL Olivenöl

4 EL trockener Marsala, ersatzweise Rotwein · ¹/₈ l klare
Fleischbrühe (Instant) · 250 g gestückelte Tomaten (aus der
Packung) · etwas Salz

Für 4 Personen
Zubereitungszeit: ca. 30 Min.
ca. 320 kcal je Portion

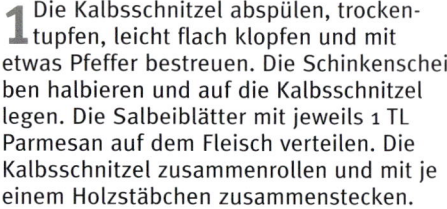

1 Die Kalbsschnitzel abspülen, trockentupfen, leicht flach klopfen und mit
etwas Pfeffer bestreuen. Die Schinkenschei-
ben halbieren und auf die Kalbsschnitzel
legen. Die Salbeiblätter mit jeweils 1 TL
Parmesan auf dem Fleisch verteilen. Die
Kalbsschnitzel zusammenrollen und mit je
einem Holzstäbchen zusammenstecken.

2 Die Möhre putzen, schälen, waschen und
würfeln. Den Staudensellerie putzen,
waschen und in Scheibchen schneiden.

3 Den Wok erhitzen, das Öl hineingeben
und die Röllchen darin rundum hellbraun anbraten. Die Möhrenwürfel und die
Selleriescheibchen hinzufügen und kurz
andünsten.

4 Alles mit dem Marsala bzw. dem Rotwein
und der Brühe ablöschen. Die Tomaten
hinzufügen. Das Gericht zugedeckt 7–10 Minuten schmoren lassen. Die Weinsauce zum
Schluss mit Salz und Pfeffer abschmecken.

Tipps
Wenn Kinder mitessen, lassen Sie den Marsala oder
Rotwein besser weg. Statt
dessen können Sie den Saft
schwarzer Johannisbeeren
verwenden.
Eine beliebte Beilage bei den
Kleinen ist Kartoffelbrei, der
am schnellsten aus der Tüte
zubereitet ist.

Zutaten

2 Paar Wiener Würstchen ·
1 Gemüsezwiebel ·
3 rote Paprikaschoten

250 g Ananasstücke (aus der
Dose) · 200 g Salatgurke

2 EL Öl · 1 TL Paprikapulver,
edelsüß

125 ml Gemüsebrühe (Instant) ·
etwas Salz · etwas weißer Pfeffer
aus der Mühle · 2 EL Sojasauce

2 TL Speisestärke

2 EL TK-Petersilie

Für 4 Personen
Zubereitungszeit: ca. 25 Min.
ca. 460 kcal je Portion

Würstchengulasch

1 Die Würstchen in nicht zu schmale Scheiben schneiden. Die Gemüsezwiebel schälen und grob würfeln. Die Paprikaschoten putzen, vierteln, entkernen und waschen. Die Paprikaviertel in mundgerechte Stücke schneiden.

2 Die Ananasstücke in einem Sieb abtropfen lassen, den Saft auffangen. Die Gurke schälen, längs halbieren, mit einem Teelöffel entkernen und in grobe Würfel schneiden.

3 Den Wok erhitzen und das Öl hineingeben. Die Würstchen darin anbraten und wieder herausnehmen. Die Zwiebelstücke ins Bratfett geben und darin andünsten. Die Paprikastücke hinzufügen und 2–3 Minuten unter Rühren andünsten. Das Paprikapulver über das Gemüse stäuben und gründlich darunter mischen.

4 Die Ananasstücke und die Würstchenscheiben dazugeben. Die Brühe und 100 ml Ananassaft angießen und den Inhalt des Woks mit Salz, Pfeffer und Sojasauce würzen. Alles bei geschlossenem Deckel und schwacher Hitze etwa 5 Minuten garen.

5 Die Speisestärke mit 2 EL kaltem Wasser verrühren, in die Sauce rühren und das Ganze einmal aufkochen lassen.

6 Die Gurkenwürfel unter das Würstchengulasch heben und die Petersilie über das Gericht streuen.

einfach ⊕

preiswert ⊕

<300 kcal ⊖

Vitalstoffe ⊖

scharf ⊖

raffiniert ⊖

für Kids ⊕

für Gäste ⊖

Lammkeule mit Honigspinat

- einfach
- preiswert
- <300 kcal
- Vitalstoffe
- scharf
- **raffiniert**
- für Kids
- **für Gäste**

1 Die Lammkeule in feine Streifen schneiden, pfeffern, salzen, mit der Soja- und
der Pilzsauce von allen Seiten beträufeln
und mit etwas Mehl bestäuben.

2 Die Zwiebel und die Knoblauchzehen
schälen und beides in feine Scheiben
schneiden.

3 Den Wok erhitzen, 2 EL Öl hineingeben
und das Lammfleisch darin unter ständigem Rühren etwa 1 $^1/_2$ Minuten braten. Das
Fleisch herausnehmen und beiseite legen.

4 Die Zwiebelscheiben in den Wok geben
und goldbraun braten. Den Spinat unaufgetaut hinzufügen und etwa 5 Minuten mitbraten.

5 Den Essig und den Honig in den Spinat
rühren und alles mit Salz, Pfeffer und
Muskat abschmecken. Die Butter in
Flöckchen darunter rühren, den Spinat auf
einer Platte anrichten und warm stellen.

6 Noch 1 EL Öl im Wok erhitzen und den
Knoblauch sowie die Sesamkörner darin
anrösten. Das Mehl oder die Speisestärke
hinzufügen, alles gut verrühren und mit
dem Kalbsfond ablöschen. Die Pfefferminz-
blätter unter die Sauce mischen.

7 Das gebratene Lammfleisch noch einmal
kurz in der Sauce erhitzen und dann auf
einer separaten Platte zum Spinat servieren.

Tipp
Falls Sie keine asiatische
Pilzsauce bekommen, kön-
nen Sie auch eine andere
chinesische Würzsauce verwenden.

Rindfleisch mit Sprossengemüse

1 Das Rinderfilet abspülen, trockentupfen und in dünne Scheiben oder feine Streifen schneiden. Den Ingwer schälen und klein würfeln. Die Zwiebeln schälen und in Ringe schneiden.

2 Die Paprikaschoten putzen, vierteln, entkernen, waschen und in mundgerechte Stücke schneiden. Die Frühlingszwiebeln putzen, waschen und in schräge Ringe schneiden. Die Sojasprossen abspülen und abtropfen lassen.

3 Den Wok stark erhitzen und das Öl hineingeben. Die Fleischstreifen darin unter Rühren portionsweise anbraten. Dabei rohe Fleischstreifen in die Mitte des Woks geben und gegartes Fleisch jeweils am Rand hochschieben.

4 Ingwer, Zwiebeln, Paprika und Sprossen hinzufügen und unter Rühren einige Minuten mitbraten. Den Inhalt des Woks mit wenig Salz und Pfeffer würzen. Die Brühe angießen und die Chilisauce unterrühren. Das Gericht im offenen Wok noch etwa 3 Minuten garen. Dabei ab und zu umrühren.

5 Die Frühlingszwiebelröllchen 2 Minuten vor dem Ende der Garzeit hinzufügen. Alles mit Sojasauce, Zucker und eventuell Salz und Pfeffer abschmecken.

Zutaten

350 g Rinderfilet ·
1 walnussgroßes Stück Ingwer ·
2 Zwiebeln

2 rote Paprikaschoten ·
1 Bund Frühlingszwiebeln ·
250 g Sojasprossen

3 EL Sojaöl · etwas Salz · etwas schwarzer Pfeffer aus der Mühle · 125 ml klare Brühe (Instant oder Fond aus dem Glas) · 1 EL rote Chilisauce

3 EL Sojasauce · 1 Prise Zucker

Für 4 Personen
Zubereitungszeit: ca. 20 Min.
ca. 350 kcal je Portion

einfach ⊖

preiswert ⊖

<300 kcal ⊖

Vitalstoffe ⊕

scharf ⊖

raffiniert ⊖

für Kids ⊖

für Gäste ⊕

Tipp
Dazu passt am besten Reis. Besonders raffiniert schmeckt die Beilage, wenn Sie je 2 EL fein geschnittenen, eingelegten Kürbis und halbierte Mandarinenspalten aus der Dose untermischen.

Putengeschnetzeltes mit Mais

- ● einfach
- ● preiswert
- ● <300 kcal
- ● Vitalstoffe
- ● scharf
- ● raffiniert
- ● für Kids
- ● für Gäste

Zutaten

450 g Putenbrustfilet ·
2 Zwiebeln · 3 frische kleine
rote Chilischoten
1 große Zucchini
2 EL Sojaöl
125 ml Hühnerbrühe (Instant) ·
2 TL Honig · 125 g Maiskörner
(aus der Dose)
etwas Salz · etwas weißer Pfeffer
aus der Mühle · 2 EL TK-Dill

Für 4 Personen
Zubereitungszeit: ca. 30 Min.
ca. 270 kcal je Portion

1 Das Putenbrustfilet waschen, trockentupfen und in dünne Streifen schneiden.
Die Zwiebeln schälen und fein würfeln. Die
Chilischoten putzen, längs aufschlitzen und
die Kernchen unter fließendem kaltem Wasser herausspülen. Wenn man nicht mit
Haushaltshandschuhen arbeitet, danach
sofort die Hände waschen.

2 Die Zucchini putzen, waschen, längs
vierteln und in mundgerechte Stücke
schneiden.

3 Den Wok erhitzen und das Öl hineingeben. Die Fleischstreifen sowie die
Chilischoten und die Zwiebelwürfel darin
unter Rühren anbraten.

4 Die Brühe und den Honig hinzufügen und
alles miteinander verrühren. Die Zucchinistücke und die Maiskörner dazugeben
und alles etwa 3 Minuten im geschlossenen
Wok dünsten.

5 Das Gericht mit Salz und Pfeffer abschmecken und den gefrorenen Dill
darunter heben.

Variation
Genauso schnell können Sie das
Gericht mit Schmorgurken oder mit
1 Salatgurke zubereiten. Für das
Gurkengemüse 2 Schmorgurken
oder 1 Salatgurke mit einem Sparschäler schälen, längs halbieren und
die Kerne mit einem Teelöffel he-
rauskratzen. Die Gurkenhälften in
mundgerechte Stücke schneiden und
wie die Zucchini zubereiten.

Tipp
Zu dem Putengeschnetzelten
schmecken Bandnudeln be-
sonders gut. Sie benötigen
etwa 100 g (Rohgewicht) je
Portion. Lecker ist auch ein
lockeres Kartoffelpüree (etwa
200 g je Portion). Wenn es
schnell gehen muss, nehmen
Sie Püree aus der Tüte.

Zutaten

400 g Hühnerbrustfilet ·
etwas Salz · 1 EL Speisestärke
1 kleine grüne Chilischote ·
12 Lychees (aus der Dose) ·
12 Blätter Zitronenmelisse
2 EL Erdnussöl · 1 l Kokosmilch
Schale und Saft von ¹/₂ unbehan-
delten Zitrone
etwas geriebene Muskatnuss

Für 4 Personen
Zubereitungszeit: ca. 30 Min.
ca. 220 kcal je Portion

Hühnersuppe mit Kokos

- ✚ einfach
- ➖ preiswert
- ✚ <300 kcal
- ➖ Vitalstoffe
- ✚ scharf
- ✚ raffiniert
- ➖ für Kids
- ➖ für Gäste

1 Das Hühnerfleisch waschen, trockentupfen und quer zur Faser in feine Streifen
schneiden. Diese salzen und in der Speisestärke wenden.

2 Die Chilischote waschen, halbieren, entkernen und klein schneiden. Wenn man
nicht mit Haushaltshandschuhen arbeitet,
danach sofort die Hände waschen. Die
Lychees in einem Sieb abtropfen lassen und
halbieren. Die Zitronenmelisse vorsichtig
waschen und trockentupfen.

3 Den Wok erhitzen, das Öl hineingeben
und die Hühnerbrust sowie die Chilischote darin etwa 15 Sekunden leicht anbraten. Die Kokosmilch angießen und alles
aufkochen lassen.

4 Die Zitronenschale dazugeben und den
Inhalt des Woks etwa 5 Minuten ziehen
lassen.

5 Die Lychees in der Suppe erwärmen, diese mit Muskatnuss, Salz und Zitronensaft
abschmecken und mit der Zitronenmelisse
garnieren.

Lychees

Die kleinen rotbraunen Früchte aus
Ostasien heißen auch chinesische
Haselnüsse oder Litschipflaumen.
Sie haben ein glasiges, milchig
weißes Fruchtfleisch und schmecken
fein säuerlich. Hierzulande erhält
man Lychees geschält und gezuckert
in Dosen oder frisch. Frische Früchte
werden wie Pflaumen aufgebrochen,
dann entfernt man die Schale und
den großen Kern.

Thai-Basilikum
Thailändisches Basilikum erinnert geschmacklich sowohl an Basilikum als auch an Anis und wird in der thailändischen Küche sehr häufig verwendet. Leider ist das Gewürz hier nicht immer zu bekommen, daher lohnt es sich, frisches Thai-Basilikum einzufrieren und auf diese Weise vorrätig zu haben.

Hähnchenbrust mit grünem Pfeffer

Zutaten

4 Knoblauchzehen · 2 Zwiebeln · 2 große rote Chilischoten · 1 TL frische grüne Pfefferkörner
600 g Hähnchenbrustfilet · 4 EL Thai-Basilikumblätter, ersatzweise anderes Basilikum
4 EL Sesamöl · 2 EL Sojasauce · 1 TL Honig

Für 4 Personen
Zubereitungszeit: ca. 25 Min.
ca. 300 kcal je Portion

einfach ⊖

preiswert ⊖

<300 kcal ⊖

Vitalstoffe ⊖

scharf ⊕

raffiniert ⊖

für Kids ⊖

für Gäste ⊕

1 Den Knoblauch und die Zwiebeln schälen und fein hacken. Die Chilischoten waschen, längs halbieren, entkernen und fein würfeln. Wenn man nicht mit Haushaltshandschuhen arbeitet, danach sofort die Hände waschen. Die frischen Pfefferkörner im Mörser zerstoßen und mit dem Knoblauch, der Zwiebel und dem Chili zu einer Paste verrühren.

2 Das Fleisch waschen, trockentupfen und in etwa 1 cm breite Streifen schneiden. Das Thai-Basilikum bzw. das andere Basilikum waschen, trockentupfen und fein hacken.

3 Den Wok erhitzen, das Öl hineingeben und die Chili-Pfeffer-Paste darin andünsten. Das Fleisch dazugeben und bei großer Hitze unter Wenden etwa 5 Minuten braten. Mit Sojasauce und Honig abschmecken. Das gehackte Basilikum darüber streuen.

Hühnerleber mit Champignons

- einfach
- preiswert
- <300 kcal
- Vitalstoffe
- scharf
- raffiniert
- für Kids
- für Gäste

Zutaten

50 g magerer Speck ohne Schwarte · 400 g Champignons · 1 Bund Frühlingszwiebeln

400 g Hühnerleber

2 EL Mehl · etwas Salz · etwas weißer Pfeffer aus der Mühle

2 EL Butter

$^1/_2$ TL getrockneter Thymian · 125 ml trockener Weißwein

Für 4 Personen
Zubereitungszeit: ca. 30 Min.
ca. 380 kcal je Portion

1 Den Speck fein würfeln. Die Champignons kurz waschen, trockentupfen, putzen und halbieren oder vierteln. Die Frühlingszwiebeln putzen, waschen, abtropfen lassen und in Ringe schneiden.

2 Die Leber von Sehnen und Adern befreien und wenn nötig in mundgerechte Stücke schneiden.

3 Mehl, Salz und Pfeffer auf einem Teller mischen, die Leberstückchen darin wenden und überschüssiges Mehl abklopfen.

4 Die Speckwürfel in den Wok geben und darin auslassen. Die Würfel auf einen Teller füllen und beiseite stellen. 1 EL Butter in den Wok geben und mäßig erhitzen. Die Leberstückchen darin unter Rühren anbraten und ebenfalls auf einem Teller beiseite stellen.

5 Die restliche Butter in den Wok geben und erhitzen. Die Champignons darin unter Rühren anbraten. Den Thymian und die Frühlingszwiebeln dazugeben und darunter rühren. Den Weißwein angießen und die Leberstückchen wieder in den Wok geben. Alles etwa 5 Minuten im geschlossenen Wok leise köcheln lassen. Zum Schluss die Speckwürfel über das Gericht streuen.

Variation
Statt der Geflügelleber können Sie auch 400 g Schweinefilet nehmen. Das Fleisch in dünne Streifen oder Scheibchen schneiden. Es muss nicht in Mehl gewendet werden. Die Filetstreifen oder -scheibchen mit Salz und Pfeffer würzen und in 1 EL Öl anbraten. Um die Sauce zu binden, kann man sie mit 1 TL Speisestärke andicken, die in 2 EL kaltem Wasser angerührt wird.

Tipp
Als schnelle Beilage können Sie zur Hühnerleber gedünstete TK-Erbsen und Kartoffelpüree aus der Tüte anbieten. Pro Person rechnet man jeweils etwa 200 g. Besonders lecker werden die Erbsen, wenn Sie am Schluss 1 EL Butter darüber geben.

Schollenröllchen auf Blattspinat

- einfach
- preiswert
- **<300 kcal**
- **Vitalstoffe**
- scharf
- raffiniert
- **für Kids**
- **für Gäste**

Zutaten

1 Zwiebel · 1 Stange Lauch ·
1 Knoblauchzehe

8 kleine Schollenfilets · Saft von
$^1/_2$ Zitrone · etwas Salz · etwas
weißer Pfeffer aus der Mühle

3 EL Olivenöl

450 g TK-Blattspinat ·
2 EL Korinthen ·
1 Prise geriebene Muskatnuss

2 EL Meerrettich-Crème-fraîche,
ersatzweise herkömmliche
Crème fraîche

1 kleine Tomate

Für 4 Personen
Zubereitungszeit: ca. 30 Min.
ca. 270 kcal je Portion

Minutenreis
Wenn es schnell gehen muss, ist Minutenreis eine gute Alternative zu
herkömmlichem Reis. Der Schnell-
kochreis ist keine spezielle Reis-
sorte, sondern ein vorgegarter und
wieder getrockneter weißer Reis.
Er muss nur etwa 8 Minuten garen.

Variation
Eine intensiv süßliche Ge-
schmacksnote bekommt der
Spinat, wenn Sie statt der
Korinthen Sultaninen neh-
men und 2–3 EL Maiskörner
aus der Dose untermischen.

1 Die Zwiebel schälen und fein würfeln.
Den Lauch putzen, längs vierteln und
waschen. Danach quer in etwa 8 cm lange
Streifen schneiden. Die Knoblauchzehe
schälen.

2 Die Schollenfilets waschen, trockentupfen, mit dem Zitronensaft beträufeln
und mit Salz und Pfeffer bestreuen. Die
Lauchstreifen auf den Filets verteilen. Die
Filets vorsichtig zusammenrollen und jeweils mit einem Holzstäbchen zusammenstecken.

3 Den Wok erhitzen und das Öl hineingeben. Die Zwiebelwürfel dazugeben
und glasig dünsten. Die Knoblauchzehe
dazupressen.

4 Die Schollenröllchen in den Wok geben,
vorsichtig unter Wenden rundum anbraten und wieder herausnehmen.

5 Den Spinat unaufgetaut in den Wok geben und kurz dünsten, sodass er auftaut.
Die Korinthen darunter rühren. Den Spinat
mit Salz, Pfeffer und Muskatnuss würzen.

6 Die Schollenröllchen auf den Spinat legen und auf jedes Röllchen einen Klecks
Crème fraîche geben. Alles im geschlossenen Wok noch etwa 5 Minuten dämpfen.

7 Inzwischen die Tomate waschen, vom
grünen Stielansatz befreien und in kleine
Würfel schneiden. Die Tomatenwürfel zum
Schluss über das Gericht verteilen.

Zutaten

4 Kabeljaufilets · Saft von
$^1/_2$ Zitrone · etwas Salz · etwas
schwarzer Pfeffer aus der Mühle
$^1/_4$ l trockener Weißwein oder
Gemüsebrühe (Instant) ·
300 g Mangold
150 g Schmand · 3 EL TK-Dill ·
1 Prise geriebene Muskatnuss

Für 4 Personen
Zubereitungszeit: ca. 30 Min.
ca. 260 kcal je Portion

Kabeljau in Dillsauce

1 Die Kabeljaufilets waschen, trockentupfen, mit dem Zitronensaft beträufeln und mit etwas Salz und Pfeffer bestreuen.

2 Den Weißwein oder die Gemüsebrühe im Wok erhitzen. Inzwischen den Mangold putzen, dabei eventuelle grobe Blattrippen flachschneiden und die Blätter gut waschen. Große Blätter längs halbieren und quer in Streifen schneiden.

3 Die Mangoldstreifen in den Wok geben und bei geschlossenem Deckel etwa 5 Minuten zusammenfallen lassen. Die Kabeljaufilets auf den Mangold legen und alles etwa 5 Minuten dünsten.

4 Das Fischfilet aus dem Wok nehmen und warm stellen. Den Schmand und den gefrorenen TK-Dill in den Weinsud geben, umrühren und die Sauce im offenen Wok etwas einkochen lassen. Mit Salz, Pfeffer und Muskatnuss abschmecken. Den Fisch mit dem Mangold servieren.

- ⊕ einfach
- ⊖ preiswert
- ⊕ <300 kcal
- ⊕ Vitalstoffe
- ⊖ scharf
- ⊖ raffiniert
- ⊖ für Kids
- ⊕ für Gäste

Tipp
Dieses Gericht können Sie auch sehr gut mit TK-Fisch zubereiten. Außer Kablejaufilet sind Lachs-, Seelachs- und Schollenfilets gut geeignet. Das Fischfilet können Sie gefroren in den Wok geben. Die Garzeit verlängert sich dann um 2–3 Minuten.

Würziges Fischragout

1 Das Seelachsfilet in mundgerechte Würfel schneiden und mit dem Zitronensaft beträufeln. Die Möhren putzen, schälen, waschen und in Scheiben schneiden.

2 Die Hühnerbrühe mit dem Lorbeerblatt im Wok aufkochen. Die Möhrenscheiben darin etwa 8 Minuten garen.

3 Inzwischen den Lauch putzen, waschen und in Ringe schneiden. Die Lauchringe nach 5 Minuten Garzeit zu den Möhren geben.

4 Die Speisestärke mit dem Weißwein verquirlen, in die kochende Brühe einrühren und alles erneut aufkochen. Die Gemüsesauce mit Salz, Pfeffer und Meerrettich abschmecken.

5 Das Seelachsfilet unter das Gemüse heben und alles im geschlossenen Wok bei schwacher Hitze 5–8 Minuten ziehen lassen.

6 Inzwischen die Gewürzgurke abtropfen lassen und würfeln. Die Gurkenwürfel kurz vor Ende der Garzeit mit dem gefrorenen Dill vorsichtig unter das Fischragout heben. Das Ragout mit Salz, Pfeffer und Zucker abschmecken.

Variation
Dieses Fischragout bekommt eine fruchtige Note, wenn Sie Ananas hineingeben. Dafür 2 Ananasscheiben aus der Dose in feine Stücke schneiden. Die Ananasstücke nicht mitgaren, sondern erst mit den Gurkenwürfeln unter das Ragout heben.

Zutaten
500 g Seelachsfilet · etwas Zitronensaft · 500 g Möhren
$1/2$ l Hühnerbrühe (Instant) · 1 Lorbeerblatt
1 Stange Lauch
2 EL Speisestärke · 4 EL trockener Weißwein · etwas Salz · etwas weißer Pfeffer aus der Mühle · 3–4 TL geriebener Meerrettich (aus dem Glas)
1 Gewürzgurke · 2 EL TK-Dill · 1 Prise Zucker

Für 4 Personen
Zubereitungszeit: ca. 30 Min.
ca. 180 kcal je Portion

- einfach ⊕
- preiswert ⊖
- < 300 kcal ⊕
- Vitalstoffe ⊕
- scharf ⊖
- raffiniert ⊖
- für Kids ⊖
- für Gäste ⊖

Zutaten

500 g Rotbarschfilet ·
2 Knoblauchzehen

2 EL Sojaöl · 2 TL Kurkumapulver,
ersatzweise Currypulver ·
$^{1}/_{4}$ l Hühnerbrühe (Instant)

300 g TK-Pfannengemüse ·
etwas Salz · etwas weißer
Pfeffer aus der Mühle·
2 EL gehackte Petersilie

Für 4 Personen
Zubereitungszeit: ca. 30 Min.
ca. 240 kcal je Portion

Rotbarsch-Gemüse-Pfanne

1 Das Rotbarschfilet unter kaltem Wasser abspülen, mit Küchenkrepp trocken-tupfen und in Streifen schneiden. Die Knoblauchzehen schälen und halbieren.

- ✚ einfach
- ⚊ preiswert
- ✚ <300 kcal
- ✚ Vitalstoffe
- ✚ scharf
- ⚊ raffiniert
- ⚊ für Kids
- ⚊ für Gäste

2 Den Wok erhitzen und das Öl hineinge-ben. Die Knoblauchzehen dazupressen und andünsten. Das Kurkumapulver oder das Currypulver hinzufügen, sofort die Hühnerbrühe angießen und alles umrühren.

3 Die Rotbarschstreifen in die Brühe geben und im geschlossenen Wok etwa 5 Minu-ten dünsten.

4 Das Gemüse gefroren hinzufügen, alles miteinander verrühren und bei geschlos-senem Deckel weitere 5–7 Minuten dünsten. Das Gemüse sollte knackig bissfest sein. Alles mit Salz und Pfeffer abschmecken und mit der Petersilie bestreuen.

Kurkuma
Die Wurzel einer tropischen Pflanze wird auch Gelbwurz genannt und ist ein wichtiger Bestandteil der indi-schen Küche. Bei uns wird Kurkuma meist als Pulver angeboten, das auch ein Hauptbestandteil des Currypulvers ist. Neben dem Aroma verleiht Kurkuma Gerichten eine charakteristische gelbe Farbe. Man sollte Kurkuma nie zusammen mit Sahne verwenden, da sonst sein Geschmack verloren geht.

Zutaten

4 Zucchini (ca. 600 g) · 4 Schalotten · 6 Zweige frischer Estragon

3–4 TL körniger Senf ·
200 g Sahne · etwas Salz ·
etwas weißer Pfeffer aus der
Mühle · Saft von $^1/_2$ Zitrone ·
1 Prise Zucker

1 EL Sojaöl

200 g geräuchertes Forellenfilet

Für 4 Personen
Zubereitungszeit: ca. 30 Min.
ca. 250 kcal je Portion

Forellenfilet mit Zucchini

1 Die Zucchini waschen, putzen, längs vierteln und in lange Stücke schneiden. Die Schalotten schälen und vierteln. Die Estragonzweige abbrausen, trockentupfen und die Blättchen abzupfen.

2 Den Senf mit der Sahne verrühren und mit Salz, Pfeffer, Zitronensaft und Zucker abschmecken.

3 Den Wok erhitzen, das Öl hineingeben und die Zucchinistücke sowie die Schalottenviertel darin anbraten. Den Estragon hinzugeben und die Senfsahne zum Gemüse gießen. Alles aufkochen lassen und zugedeckt 4–5 Minuten bei schwacher Hitze garen.

4 Inzwischen das Forellenfilet in Stückchen schneiden. Den Wok vom Herd nehmen, die Forellenstückchen vorsichtig unter das Zucchinigemüse heben, kurz erwärmen und dann sofort servieren.

Tipps
Wenn Sie keinen frischen Estragon bekommen, sollten Sie statt auf getrockneten Estragon besser auf frischen Dill zurückgreifen. Den Dill waschen, trockentupfen, fein hacken und erst zum Schluss zum Gericht geben.
Wenn Sie das Gericht als Vorspeise servieren möchten, brauchen Sie von jeder Zutat nur die Hälfte. Reichen Sie frisches Baguette mit Butter oder Fladenbrot dazu.

einfach ⊕

preiswert ⊕

< 300 kcal ⊕

Vitalstoffe ⊖

scharf ⊖

raffiniert ⊖

für Kids ⊖

für Gäste ⊖

Lachsfilet im Reisblatt

- einfach
- preiswert
- <300 kcal
- Vitalstoffe
- scharf
- **raffiniert**
- für Kids
- **für Gäste**

Zutaten

250 g Lachsfilet · 1 EL Sojasauce · etwas Salz · etwas weißer Pfeffer aus der Mühle · 1 EL geriebener Meerrettich

4 Reisblätter

2 Schalotten · 200 g frische Sojabohnensprossen

4 EL Erdnussöl

250 g gestückelte Tomaten (aus der Packung) · 1 TL Weißweinessig · 2 EL TK-Schnittlauch

Für 4 Personen
Zubereitungszeit: ca. 30 Min.
ca. 310 kcal je Portion

1 Das Lachsfilet waschen, trockentupfen, in 4 gleich große Stücke schneiden und mit Sojasauce, Salz und Pfeffer würzen. Die Filetstücke mit dem Meerrettich bestreichen.

2 Die Reisblätter nacheinander jeweils kurz in kaltem Wasser einweichen, nebeneinander auf ein sauberes Geschirrtuch legen und etwas trocknen lassen.

3 Je 1 Filetstück auf ein Reisblatt legen und einwickeln. Die Schalotten schälen und fein würfeln. Die Sprossen waschen und gut abtropfen lassen.

4 Den Wok erhitzen, das Öl hineingeben, die Lachspäckchen mit der Naht nach unten in den Wok legen und von allen Seiten 3–4 Minuten braun braten. Die Päckchen vorsichtig herausnehmen und warm stellen.

5 Die Schalotten im Wok kurz andünsten. Die Tomaten und das Sprossengemüse dazugeben und etwa 1 1/2 Minuten mitdünsten. Alles mit Salz, Pfeffer und Essig abschmecken. Die gefrorenen Schnittlauchröllchen darüber streuen. Zum Servieren die Lachspäckchen halbieren und auf dem Gemüse anrichten.

Tipp
Noch würziger schmecken die Lachspäckchen, wenn Sie je einige Blätter Rucola (Rauke) mit hineinpacken. Dazu etwa 8 Blätter Rucola waschen und trockentupfen. Je 2 Blätter auf ein Stück Lachs legen, die Blätter etwas andrücken und dann alles in das Reispapier wickeln.

Gebratene Hummerkrabben

- **+** einfach
- **−** preiswert
- **+** <300 kcal
- **+** Vitalstoffe
- **+** scharf
- **−** raffiniert
- **−** für Kids
- **−** für Gäste

Zutaten

2 Bund Frühlingszwiebeln ·
2 Knoblauchzehen · $^1/_2$ TL Salz ·
150 g frische gemischte
Sprossen · 24 frische Hummerkrabben in der Schale

4 EL Erdnussöl

2 EL Sojasauce · 2 EL Honig ·
2–3 EL Essig · 1 zerstoßene
getrocknete Chilischote ·
150 ml Hühnerbrühe (Instant) ·
1 TL Speisestärke · 4 EL Reiswein

Für 4 Personen
Zubereitungszeit: ca. 30 Min.
ca. 260 kcal je Portion

1 Die Frühlingszwiebeln putzen, waschen und in Stücke schneiden. Die Knob-lauchzehen schälen und mit dem Salz zer-drücken. Die Sprossen in ein Sieb geben und unter fließendem kaltem Wasser ab-waschen. Die frischen Hummerkrabben waschen und gut trockentupfen.

2 Den Wok erhitzen, das Öl hineingeben und darin die Hummerkrabben unter ständigem Rühren etwa 4 Minuten braten.

3 Den Knoblauch mit dem Salz und den Sprossen zu den Hummerkrabben geben. Die Sojasauce, den Honig, den Essig und die zerstoßene Chilischote unterrühren und mit der Hühnerbrühe auffüllen. Die Speise-stärke mit dem Reiswein glatt rühren und die Sauce damit binden. Alles erneut auf-kochen lassen und sofort servieren.

Tipps
Wenn es schnell gehen muss, können Sie zu den Hummer-krabben Ciabattabrötchen servieren, die es auch zum Aufbacken zu kaufen gibt. Statt frischer Sprossen kön-nen Sie Sojabohnensprossen aus dem Glas nehmen, die es in jedem gut sortiertem Su-permarkt zu kaufen gibt.

Papaya
Papayas sind die Früchte eines bis zu 10 m hohen Melonenbaums. Sie haben eine keulenförmige Form und eine ledrige, gelbgrüne bis goldgelbe Farbe. Das hellgelbe bis orangefarbene Fruchtfleisch ist weich und schmeckt ein wenig nach Melone. Bei uns sind Papayas das ganze Jahr über in Obst- und Gemüseläden sowie in gut sortierten Supermärkten erhältlich.

Papaya-Tomaten-Topf mit Krabben

1 Die Papayas längs halbieren, die Kerne mit einem Teelöffel entfernen und die Fruchthälften mit einem Sparschäler schälen. Das Fruchtfleisch in mundgerechte Stücke schneiden. Die Gemüsezwiebel schälen, halbieren und in halbe Ringe schneiden.

2 Die Knoblauchzehen schälen. Den Wok erhitzen, das Öl hineingeben und die Zwiebelringe darin glasig dünsten. Den Knoblauch dazupressen. Papayastücke, Tomaten und das gefrorene Krabbenfleisch hinzugeben und alles unter Rühren kurz schmoren.

3 Das Ganze mit der Hühnerbrühe ablöschen und 2–3 Minuten bei schwacher Hitze im geschlossenen Wok ziehen lassen. Die Petersilie abbrausen, trockentupfen, die Blättchen von den Stielen zupfen und in Streifen schneiden.

4 Alles mit Salz, Pfeffer und Zucker abschmecken. Zum Schluss die Petersilie über das fertige Gericht streuen.

Zutaten
2 reife Papayas ·
1 Gemüsezwiebel
2 Knoblauchzehen · 2 EL Öl ·
250 g gestückelte Tomaten (aus der Packung) · 200 g TK-Krabben
125 ml Hühnerbrühe (Instant) ·
1 Bund glattblättrige Petersilie
etwas Salz · etwas weißer Pfeffer aus der Mühle · 1 Prise Zucker

Für 4 Personen
Zubereitungszeit: ca. 30 Min.
ca. 150 kcal je Portion

einfach ⊖

preiswert ⊖

< 300 kcal ⊕

Vitalstoffe ⊕

scharf ⊖

raffiniert ⊕

für Kids ⊕

für Gäste ⊖

Austernpilzpfanne

● einfach

● preiswert

● <300 kcal

● Vitalstoffe

● scharf

● raffiniert

● für Kids

● für Gäste

Zutaten

500 g Austernpilze ·
2 Bund Frühlingszwiebeln ·
2 Knoblauchzehen

3 EL Sojaöl

250 g gestückelte Tomaten (aus
der Packung) · etwas Salz ·
etwas weißer Pfeffer aus der
Mühle

2 TL TK-Basilikum

Für 4 Personen
Zubereitungszeit: ca. 25 Min.
ca. 140 kcal je Portion

Tipps
Kulturpilze wie Austernpilze gibt es
das ganze Jahr. Da sie auf einem
Nährsubstrat in Hallen herangezo-
gen werden, muss man sie nicht waschen. Es reicht, sie mit einem wei-
chen Tuch oder mit einer Bürste zu
säubern.
Besonders lecker sind frische Waldpilze wie Pfifferlinge und Maronen,
die je nach Witterung ab August auf
dem Markt sind. Waldpilze sollte
man immer erst mit Wasser reinigen
und dann putzen, damit sich der Pilz
nicht mit Wasser vollsaugt.

1 Die Austernpilze vorsichtig mit einem
Tuch oder mit einer Bürste säubern,
große Pilze eventuell halbieren. Die Frühlingszwiebeln putzen, waschen und schräg
in Stücke schneiden. Die Knoblauchzehen
schälen.

2 Den Wok erhitzen, das Öl hineingeben
und darin zuerst die Austernpilze
kräftig anbraten, dann den Knoblauch
dazupressen.

3 Die Tomaten und die Frühlingszwiebel-
stücke zu den Austernpilzen geben und
darunter mischen. Alles mit Salz und Pfeffer
würzen und bei schwacher Hitze im geschlossenen Wok etwa 5 Minuten dünsten.

4 Kurz vor Ende der Garzeit das gefrorene
Basilikum unter die Austernpilzpfanne
mischen.

Variation
Nach diesem Rezept können
Sie auch eine köstliche Sauce für Nudeln zubereiten. Sie
sollten dafür aber alle Pilze
klein schneiden. Geben Sie
kurz vor dem Ende der Garzeit noch 150 g Sahne hinzu,
lassen Sie alles kurz aufkochen und schmecken Sie die
Sauce dann mit 1–2 EL tro-
ckenem Weißwein ab. Ser-
vieren Sie die Austernpilz-
sahnesauce zu grünen
Bandnudeln (etwa 100 g
Rohgewicht je Portion).

Brokkoligemüse mit Tofu

- ⊖ einfach
- ⊕ preiswert
- ⊕ <300 kcal
- ⊕ Vitalstoffe
- ⊖ scharf
- ⊖ raffiniert
- ⊕ für Kids
- ⊖ für Gäste

Zutaten

500 g Brokkoli · 150 g Zwiebeln ·
250 g Tofu · ¹/₂ Bund Basilikum ·
¹/₂ Bund glattblättrige Petersilie
250 g gestückelte Tomaten (aus
der Packung) · etwas Salz ·
etwas weißer Pfeffer aus der
Mühle · 1 EL Sojasauce
3 EL Olivenöl

Für 4 Personen
Zubereitungszeit: ca. 25 Min.
ca. 180 kcal je Portion

1 Den Brokkoli putzen, in Röschen teilen und waschen. Die Zwiebeln schälen und in Ringe schneiden. Den Tofu in Würfel schneiden. Das Basilikum und die Petersilie waschen und einige Blättchen zum Garnieren beiseite legen. Die restlichen Blättchen fein hacken.

2 Die Tomaten zusammen mit Salz, Pfeffer und der Sojasauce mit dem Mixstab pürieren.

3 Den Wok erhitzen, das Öl hineingeben und darin die Tofuwürfel etwa 1 ¹/₂ Minuten braten. Die Brokkoliröschen und die Zwiebelringe hinzufügen und etwa 2 Minuten mitbraten.

4 Das Tomatenpüree dazugeben und alles im geschlossenen Wok etwa 5 Minuten dünsten. Mit Salz und Pfeffer abschmecken. Die gehackten Kräuter hineinrühren und das Gericht mit den beiseite gelegten Basilikum- und Petersilienblättchen garnieren.

Variation
Besonders würzig wird das Brokkoligemüse, wenn Sie geräucherten oder in eine Kräutermarinade eingelegten Tofu verwenden. Beides können Sie fertig zubereitet in Reformhäusern, Naturkostläden und gut sortierten Supermärkten kaufen.

Zutaten

750 ml Maiskeimöl zum
Frittieren · 4 Zucchini ·
2 Knoblauchzehen

150 g Kichererbsenmehl ·
150 g Reismehl · $1/2$ TL gemahlener frischer Ingwer ·
1 Msp. Kurkuma · 1 TL Salz

Für 4 Personen
Zubereitungszeit: ca. 30 Min.
ca. 580 kcal je Portion

Frittierte Zucchini

1 Das Öl im Wok erhitzen. Inzwischen die Zucchini putzen, waschen, trockenreiben und in etwa fingerdicke Scheiben schneiden. Den Knoblauch schälen und durchpressen.

2 Das Kichererbsen- und das Reismehl in eine Schüssel geben. Knoblauch, Ingwer, Kurkuma, Salz und 150–200 ml Wasser dazugeben und alles mit dem Mixer zu einem glatten Teig verrühren.

3 Dann 1 Zucchinischeibe mit einer Gabel im Teig wenden und probeweise ins heiße Öl geben. Das Fett hat die richtige Temperatur, wenn die Zucchinischeibe eine goldbraune Farbe annimmt.

4 Die restlichen Zucchinischeiben nacheinander mit einer Gabel im Teig wenden und portionsweise knusprig goldbraun frittieren. Auf Küchenkrepp abtropfen lassen und am besten sofort servieren.

Tipps
Zu den frittierten Zucchini ist schnell ein erfrischender Kräuterdip bereitet. Dafür 250 g Joghurt mit etwas Zitronensaft, 2 EL gemischten TK-Kräutern und etwas Salz sowie Pfeffer verrühren. Ein frisches Fladenbrot oder Baguette schmeckt ebenfalls gut dazu.

einfach ⊕

preiswert ⊕

<300 kcal ⊖

Vitalstoffe ⊖

scharf ⊖

raffiniert ⊖

für Kids ⊖

für Gäste ⊖

Zutaten

4 Möhren · 1 Bund Frühlingszwiebeln · 400 g frische Sojabohnensprossen · 2 Knoblauchzehen · 1 walnussgroßes Stück
frischer Ingwer · 2 kleine rote
Chilischoten

75 ml Sojasauce · 6 EL Reisessig,
ersatzweise Weißweinessig ·
75 ml Reiswein, ersatzweise
trockener Weißwein ·
2 TL Speisestärke · etwas
schwarzer Pfeffer aus der Mühle

ca. 6 EL Öl ·
200 g TK-Zuckerschoten

Für 4 Personen
Zubereitungszeit: ca. 30 Min.
ca. 210 kcal je Portion

Scharf-saures Gemüse

- ● einfach
- ● preiswert
- ● <300 kcal
- ● Vitalstoffe
- ● scharf
- ● raffiniert
- ● für Kids
- ● für Gäste

1 Die Möhren putzen, schälen, waschen und in Scheiben schneiden. Die Frühlingszwiebeln putzen, waschen und ca. 1 cm breite Stücke schneiden. Die Sojabohnensprossen kalt abspülen und abtropfen lassen. Knoblauch und Ingwer schälen und fein hacken. Die Chilischoten entkernen und in Ringe schneiden. Wenn man nicht mit Haushaltshandschuhen arbeitet, danach sofort die Hände waschen.

2 Die Sojasauce mit dem Reisessig, dem Reiswein, der Speisestärke und dem Pfeffer verrühren.

3 Den Wok erhitzen, das Öl hineingeben und darin Chili, Knoblauch und Ingwer unter Rühren anbraten. Die Möhrenscheiben, die Zuckerschoten, die Frühlingszwiebeln und die Sojabohnensprossen nacheinander dazugeben und mitbraten.

4 Die Sauce angießen, alles kurz durchrühren und im geschlossenen Wok etwa 8 Minuten dünsten.

Tipp
Zu dem scharf-sauren Gemüse passt Basmatireis sehr gut. Dafür 200 g Reis in knapp $1/2$ l leicht gesalzenem Wasser ca. 20 Minuten kochen. Den Reis nach Belieben mit Schnittlauchröllchen bestreuen. Setzen Sie den Reis auf, bevor Sie mit der Zubereitung der Wokpfanne beginnen.

Variation
Pak Soi schmeckt richtig edel mit gebratenen Austernpilzen. Dazu gewürfelte Zwiebel, gehackten Knoblauch und Ingwer im Wok anbraten, den gewaschenen und in Streifen geschnittenen Pak Soi unterrühren, mit Salz, Pfeffer sowie Sojasauce abschmecken und zugedeckt etwa 1 Minute dünsten. Eventuell Crème fraîche unterziehen. Die geputzten Austernpilze in etwas Öl und Butter in einer extra Pfanne anbraten, mit Salz, Pfeffer sowie Zitronensaft würzen. Mit dem Pak Soi servieren.

Pak Soi mit Cashewkernen

1 Den Pak Soi waschen, putzen und klein schneiden. Die Zwiebel schälen und fein würfeln. Den Knoblauch schälen und danach in Scheiben schneiden. Anschließend die Chilischote waschen, entkernen und in Ringe oder Streifen schneiden. Wenn man dabei nicht mit Haushaltshandschuhen arbeitet, danach sofort die Hände waschen.

2 Inzwischen den Wok erhitzen, das Sojaöl hineingeben und darin die Cashewkerne goldbraun rösten. Pak Soi, Zwiebel, Knoblauch und Chili hinzufügen und alles unter Rühren 6–8 Minuten braten. Den Pak Soi mit Salz und Cayennepfeffer abschmecken.

Zutaten
1 großer Kopf Pak Soi (chinesischer Kohl), ersatzweise Chinakohl · 1 große Zwiebel · 2 Knoblauchzehen · 1 kleine rote Chilischote
3 EL Sojaöl · 3 EL Cashewkerne etwas Salz ·
1 Prise Cayennepfeffer

Für 4 Personen
Zubereitungszeit: ca. 25 Min.
ca. 170 kcal je Portion

einfach ⊖

preiswert ⊖

< 300 kcal ⊕

Vitalstoffe ⊕

scharf ⊕

raffiniert ⊕

für Kids ⊖

für Gäste ⊖

Paprika-Schafskäse-Pfanne

- + einfach
- – preiswert
- + <300 kcal
- + Vitalstoffe
- – scharf
- – raffiniert
- – für Kids
- + für Gäste

Zutaten

je 1 große rote, gelbe und grüne Paprikaschote · 1 Gemüsezwiebel · 2 Knoblauchzehen · 200 g Schafskäse (Feta)

2 EL Olivenöl · 2 TL getrockneter Thymian · $1/2$ TL getrockneter Rosmarin

100 g schwarze, entsteinte Oliven · etwas Salz · etwas schwarzer Pfeffer aus der Mühle

Für 4 Personen
Zubereitungszeit: ca. 25 Min.
ca. 270 kcal je Portion

1 Die Paprikaschoten halbieren, putzen, waschen, entkernen und in mundgerechte Stücke schneiden. Die Gemüsezwiebel schälen und in grobe Würfel schneiden. Die Knoblauchzehen schälen und in feine Scheiben schneiden. Den Schafskäse mit einer Gabel in grobe Stücke zerteilen.

2 Den Wok erhitzen und das Öl hineingeben. Die Paprikastücke und die Zwiebelwürfel dazugeben und alles unter Rühren 3–4 Minuten bei mittlerer Hitze braten. Den Knoblauch und die getrockneten Kräuter zum Schluss dazugeben und kurz mitbraten.

3 Den Schafskäse mit den Oliven zum Paprikagemüse geben und alles kurz erhitzen, bis der Käse zu schmelzen beginnt. Das Gericht mit etwas Salz und reichlich Pfeffer abschmecken.

Tipps
Statt des Schafskäses können Sie das Gericht auch mit geräuchertem Tofu zubereiten. Dafür 250 g Tofu in Würfel schneiden und mit den Paprikastücken und Zwiebeln im Wok anbraten. Geben Sie zum Braten zusätzlich 1 EL Öl in die Pfanne.
Zu dem Paprikagemüse können Sie gut Pellkartoffeln reichen oder ein knuspriges Stangenbrot servieren.

Feta
Als Feta werden Käse bezeichnet, die in Salzlake reifen und salzig säuerlich schmecken. Der original griechische Schafskäse wird aus Schafsmilch hergestellt. Der bei uns erhältliche Feta ist dagegen oft aus Kuhmilch zubereitet.
Für das vorliegende Rezept sollten Sie nach Möglichkeit einen echten griechischen Schafskäse nehmen, der zwar meist etwas teurer ist als Feta aus Kuhmilch, aber einen kräftigeren Geschmack hat.

Zutaten

2 Stangen Lauch ·
4 kleine Möhren · 2 Zwiebeln ·
250 g Mungobohnenkeime
4 EL Sojaöl
2 EL Reisessig, ersatzweise
Weißweinessig ·
4 EL Zitronensaft · etwas Salz

Für 4 Personen
Zubereitungszeit: ca. 30 Min.
ca. 200 kcal je Portion

Salat aus Mungobohnenkeimen

- ⊕ einfach
- ⊕ preiswert
- ⊕ <300 kcal
- ⊕ Vitalstoffe
- ⊖ scharf
- ⊖ raffiniert
- ⊖ für Kids
- ⊖ für Gäste

1 Den Lauch putzen, waschen, in etwa 3 cm lange Stücke und dann in schmale Streifen schneiden. Die Möhren schälen, waschen und in Stifte schneiden. Die Zwiebeln schälen und fein würfeln. Die Mungobohnenkeime in ein Sieb geben, abspülen und abtropfen lassen.

2 Den Wok erhitzen, das Öl hineingeben und die Zwiebelwürfel darin anbraten. Die Lauchstreifen und Möhrenstifte dazugeben und kurz mitbraten. Die Bohnenkeime darunter mischen und alles im geschlossenen Wok bissfest dünsten.

3 Das Gemüse von der Herdplatte nehmen und mit Essig, Zitronensaft und Salz abschmecken. Alles in eine Schüssel füllen und sofort servieren. Der Salat schmeckt am besten lauwarm.

Keimlinge und Sprossen
In fast jedem Supermarkt können Sie Keimlinge und Sprossen kaufen. Am bekanntesten ist Kresse, die meist in kleinen Pappschälchen angeboten wird. Doch auch Soja- und Mungobohnensprossen sind inzwischen weit verbreitet. In gut sortierten Supermärkten, Gemüsefachgeschäften, Reformhäusern und Naturkostläden gibt es auch Sprossenmischungen, z. B. aus Senfsamen, Rettich, Alfalfa, Hülsenfrüchten und Getreide. Diese haben einen würzigeren Geschmack als Sojabohnensprossen und werden darum nur in kleinen Mengen verwendet.

Paprika-Sprossen-Pfanne

Zutaten

500 g Bambussprossen (aus der Dose)

je 1 rote und gelbe Paprikaschote · 1 Stange Lauch · 3 Knoblauchzehen · 1 walnussgroßes Stück frischer Ingwer

4 EL Öl

$^1/_4$ l Gemüsebrühe (Instant) · 5 EL Austernsauce · etwas schwarzer Pfeffer aus der Mühle

Für 4 Personen
Zubereitungszeit: ca. 30 Min.
ca. 160 kcal je Portion

einfach ⊖

preiswert ⊖

< 300 kcal ⊕

Vitalstoffe ⊕

scharf ⊕

raffiniert ⊖

für Kids ⊖

für Gäste ⊖

1 Die Bambussprossen in ein Sieb geben, kurz abtropfen lassen und in dünne Scheiben oder in breite Streifen schneiden.

2 Die Paprikaschoten halbieren, putzen, entkernen, waschen und quer in feine Streifen schneiden. Den Lauch putzen, waschen und in feine Ringe schneiden. Den Knoblauch und den Ingwer schälen. Den Ingwer fein hacken.

3 Den Wok erhitzen, das Öl hineingeben und den Lauch darin anbraten. Den Knoblauch dazupressen, den Ingwer hineingeben und nach und nach die Paprikastreifen sowie die Bambusscheiben bzw. -streifen mit anbraten.

4 Die Gemüsebrühe mit der Austernsauce und dem Pfeffer verquirlen und in den Wok gießen. Alles gründlich mischen und etwa 3 Minuten im geschlossenen Wok erhitzen.

Variation
Wenn Sie keinen Knoblauch mögen, dann können Sie dieses Gericht auch mit Lauchzwiebeln zubereiten. Dafür statt Knoblauch und Lauch 1 Bund Lauchzwiebeln putzen, waschen und schräg in etwa 1 cm breite Stücke schneiden. Die Lauchzwiebeln im Öl anbraten, den Ingwer dazugeben und dann alles wie im Rezept beschrieben weiter garen.

Vor allem Gemüse

Reis mit Rinderfilet und Spargel

- einfach
- preiswert
- <300 kcal
- **Vitalstoffe**
- **scharf**
- raffiniert
- für Kids
- für Gäste

1 Den Reis in $1/2$ l kochendem, leicht gesalzenem Wasser etwa 20 Minuten garen.

2 Inzwischen den Spargel waschen und die Enden großzügig abschneiden. Den Spargel in 2–3 cm lange Stücke schneiden und in reichlich Salzwasser 1–2 Minuten blanchieren. Die Spargelstücke in ein Sieb geben, mit kaltem Wasser abschrecken und gut abtropfen lassen.

3 Die Paprikaschote vierteln, putzen, entkernen, waschen und in mundgerechte Streifen schneiden. Die Zwiebeln schälen und fein würfeln. Den Knoblauch schälen und halbieren.

4 Das Rinderfilet waschen, trockentupfen und in dünne Scheiben schneiden. Den Wok erhitzen, das Öl hineingeben und die Filetscheiben darin portionsweise anbraten. Den Knoblauch dazupressen. Bereits gegarte Filetscheiben am Rand hochschieben und rohe Scheiben in die Mitte geben. Das vorbereitete Gemüse hinzufügen und alles etwa 3 Minuten unter Rühren braten.

5 Den Reis vom Herd nehmen. Die Sojasauce, den Zitronensaft und das Sambal Oelek unter die Fleisch-Gemüse-Mischung rühren. Nach weiteren 3 Minuten den Reis hinzufügen und alles erneut kurz erhitzen. Das Gericht mit Korianderblättchen bzw. Petersilie bestreuen.

Zutaten

250 g Langkornreis · etwas Salz
500 g grüner Spargel
1 gelbe Paprikaschote ·
2 Zwiebeln · 2 Knoblauchzehen
400 g Rinderfilet · 4 EL Öl
4–5 EL süße Sojasauce ·
2–3 EL Zitronensaft ·
1 Msp. Sambal Oelek ·
2 EL frische Korianderblättchen,
ersatzweise Petersilie

Für 4 Personen
Zubereitungszeit: ca. 30 Min.
ca. 490 kcal je Portion

Grüner Spargel
Sind Spargelstangen aus dem Boden ins Licht herausgewachsen, nehmen sie eine violette bis grüne Farbe an. Der so genannte grüne Spargel schmeckt etwas würziger als der weiße und enthält auch mehr Vitamin C. Grüner Spargel muss nicht geschält werden, sondern man schneidet nur die Enden großzügig ab.

Zutaten
100 g Langkornreis · Salz ·
4 frische Eier · 1 TL Sojasauce ·
$^1/_2$ TL Shrimpspaste · etwas
schwarzer Pfeffer aus der Mühle
2 Frühlingszwiebeln · $^1/_2$ Bund
Basilikum · 1 grüne Paprikaschote · 1 kleine rote Chilischote
4 EL Sesamöl

Für 4 Personen
Zubereitungszeit: ca. 30 Min.
ca. 340 kcal je Portion

Gebratener Reis mit Eiern

- ⊖ einfach
- ⊕ preiswert
- ⊖ <300 kcal
- ⊖ Vitalstoffe
- ⊕ scharf
- ⊖ raffiniert
- ⊖ für Kids
- ⊖ für Gäste

1 Den Reis in etwa 200 ml Salzwasser biss-fest garen. Inzwischen die Eier mit Soja-sauce, Shrimpspaste, Salz sowie etwas Pfeffer gut verquirlen.

2 Die Frühlingszwiebeln putzen, waschen, und in schräge Ringe schneiden. Das Basilikum waschen, die Blättchen von den Stielen zupfen und einige Blättchen zum Garnieren beiseite legen. Die übrigen Blättchen in Streifen schneiden.

3 Die Paprika- und die Chilischote waschen, halbieren, entkernen und in feine Würfel schneiden. Wenn man nicht mit Haushaltshandschuhen arbeitet, danach sofort die Hände waschen.

4 Den Wok erhitzen, das Öl hineingeben und Paprika- sowie Chiliwürfel und Frühlingszwiebeln darin kurz anbraten.

5 Den Reis vom Herd nehmen, zum Gemüse geben und etwa $^1/_2$ Minute mitbraten. Die verquirlten Eier und die Basilikumstreifen dazugeben und unter ständigem Rühren etwa $^1/_2$ Minute braten. Das Gericht mit den restlichen Basilikumblättchen garnieren.

Tipp
Aus diesem Gericht lässt sich ganz einfach eine Mahlzeit für den nächsten Tag herstellen: Kochen Sie die doppelte Menge Reis und verwenden Sie den Rest Frühlingszwiebeln in Kombination mit roter Paprika, Tomaten oder Pilzen. Die Eier können Sie auch weglassen.

Reisnudelsuppe

1 Die Reisnudeln in eine Schüssel geben, mit heißem Wasser übergießen und etwa 5 Minuten quellen lassen.

2 Inzwischen den Spinat gut waschen und die harten Stiele entfernen. Die Sojabohnensprossen in ein Sieb geben und kurz abspülen. Den Knoblauch schälen und fein hacken.

3 Den Wok erhitzen, das Öl hineingeben und darin den Knoblauch goldgelb braten. 400 ml Wasser, die Sojasauce, das Salz und den Cayennepfeffer hinzufügen und alles zum Kochen bringen. Den Spinat und die Sojabohnensprossen in die Suppe geben und einmal aufkochen.

4 Die Reisnudeln abgießen, mit der Schere einige Male durchschneiden und in den Wok geben. Die Suppe erneut aufkochen lassen und mit den Korianderblättchen bestreuen.

Zutaten

200 g Reisnudeln

200 g frischer Blattspinat, ersatzweise TK-Blattspinat ·
150 g Sojabohnensprossen ·
2 Knoblauchzehen

1 EL Öl · 4 EL Sojasauce · etwas Salz · etwas Cayennepfeffer

2 EL gehackte Korianderblättchen

Für 4 Personen
Zubereitungszeit: ca. 20 Min.
ca. 270 kcal je Portion

einfach ⊖
preiswert ⊕
<300 kcal ⊕
Vitalstoffe ⊕
scharf ⊖
raffiniert ⊖
für Kids ⊖
für Gäste ⊖

Tipp
Einen besonderen Pfiff erhält das Gericht, wenn Sie thailändischen Senfspinat verwenden! Das fernöstliche Gemüse erinnert an Chinakohl oder Pak Soi, hat aber einen leicht senfartigen Geschmack. Senfspinat gibt es in Gemüsefachgeschäften und Asienläden. Wer keinen Senfspinat bekommt, kann für diese Suppe Chinakohl oder TK-Spinat nehmen. In China und Japan wird das Gemüse auch eingelegt und gesalzen gegessen, ebenso als Salat und leicht gedünstetes Gemüse.

Gebratene Glasnudeln mit Hühnerbrust

- einfach
- preiswert
- < 300 kcal
- Vitalstoffe
- scharf
- ⊕ raffiniert
- ⊕ für Kids
- für Gäste

Zutaten

280 g Glasnudeln ·
250 g Hühnerbrustfilet ·
etwas Salz · etwas weißer
Pfeffer aus der Mühle ·
1 EL Speisestärke
2 Frühlingszwiebeln ·
100 g braune Champignons
4 EL Erdnussöl
100 ml Gemüsebrühe (Instant) ·
450 g TK-Erbsen
1 Msp. geriebene Muskatnuss ·
2 EL Sojasauce

Für 4 Personen
Zubereitungszeit: ca. 30 Min.
ca. 530 kcal je Portion

1 Die Glasnudeln etwa 5 Minuten in kaltem Wasser einweichen. Inzwischen das Hühnerbrustfilet abspülen und trockentupfen. Das Fleisch in feine Streifen schneiden, salzen, pfeffern und in der Speisestärke wenden.

2 Die Frühlingszwiebeln putzen, waschen und in Ringe schneiden. Die Champignons putzen, kurz waschen und vierteln. Die Glasnudeln abgießen und gut abtropfen lassen.

3 Den Wok erhitzen, das Öl hineingeben und darin die Hühnerbrust in etwa 1 1/2 Minuten braun braten. Das Fleisch herausnehmen und beiseite legen.

4 Die Champignons, die Frühlingszwiebeln und die Nudeln in den Wok geben, anbraten und herausnehmen.

5 Die Gemüsebrühe sowie die unaufgetauten Erbsen in den Wok geben und diese im geschlossenen Wok etwa 5 Minuten dünsten.

6 Die Hühnerbrust, die Frühlingszwiebeln, die Champignons und die Nudeln dazugeben und alles noch einmal kurz im Wok erwärmen. Alles mit Salz, Pfeffer, Muskatnuss und Sojasauce abschmecken.

Zutaten

400 g grüne Bandnudeln · etwas Salz · 1 Knoblauchzehe · 1 Frühlingszwiebel · 1 walnuss-großes Stück frischer Ingwer · 1 Zweig Kerbel

2 EL Olivenöl · 1 Msp. Safran-pulver · 250 g Sahne · $\frac{1}{4}$ l Milch

200 g TK-Krabben etwas weißer Pfeffer aus der Mühle

Für 4 Personen
Zubereitungszeit: ca. 30 Min.
ca. 720 kcal je Portion

Nudeln mit Krabben in Safransauce

1 Die Nudeln in kochendes Salzwasser geben und bissfest garen. Inzwischen die Knoblauchzehe schälen und fein hacken. Die Frühlingszwiebel putzen, waschen und in etwa 1 cm große Stücke schneiden. Den Ingwer schälen und fein hacken. Den Kerbel waschen und die Blättchen von den Stielen zupfen.

2 Den Wok erhitzen, das Öl hineingeben und darin den Ingwer, den Knoblauch und die Frühlingszwiebel kurz anbraten. Das Safranpulver, die Sahne und die Milch dazugeben und auf die Hälfte einkochen lassen.

3 Die gefrorenen Krabben in die Safransauce geben und etwa 5 Minuten darin erwärmen.

4 Die Nudeln in ein Sieb geben, abschrecken und gut abtropfen lassen. Die Nudeln zu den Krabben geben und etwa 5 Minuten ziehen lassen. Das Gericht mit Salz und Pfeffer abschmecken und mit den vorbereiteten Kerbelblättchen garnieren.

Variation
Statt mit Krabben können Sie die Sauce auch mit frischem Lachs zubereiten. Dafür 200 g Lachs abspülen, mit Zitronensaft und Salz würzen und in kleine Stücke schneiden. Dann den Lachs wie die Krabben in der Sauce garen.

einfach ➕
preiswert ➖
<300 kcal ➖
Vitalstoffe ➖
scharf ➖
raffiniert ➖
für Kids ➖
für Gäste ➕

Zutaten

250 g breite Reisbandnudeln, ersatzweise herkömmliche Bandnudeln

400 g Möhren · 2 Stangen Lauch · 1 Knoblauchzehe

5 EL Öl

2 EL geröstete, gesalzene Erdnusskerne (aus der Dose) · etwas schwarzer Pfeffer aus der Mühle · etwas Salz

Für 4 Personen
Zubereitungszeit: ca. 30 Min.
ca. 410 kcal je Portion

Lauchnudeln mit Erdnüssen

- ➕ einfach
- ➕ preiswert
- ➖ <300 kcal
- ➖ Vitalstoffe
- ➖ scharf
- ➖ raffiniert
- ➕ für Kids
- ➖ für Gäste

1 Die Reisbandnudeln mit reichlich kochendem Wasser übergießen und etwa 5 Minuten quellen lassen. (Weizennudeln in reichlich Salzwasser bissfest garen und gut abtropfen lassen.)

2 Inzwischen die Möhren putzen, waschen und in Scheiben schneiden. Den Lauch putzen, waschen und in schmale Ringe schneiden. Den Knoblauch schälen.

3 Den Wok erhitzen, das Öl hineingeben, den Knoblauch dazupressen und anbraten. Die Möhrenscheiben und die Lauchringe dazugeben und mit anbraten.

4 Die Nudeln in ein Sieb geben, abtropfen lassen und eventuell mit einer Schere in Stücke schneiden. Die Nudeln und die Erdnüsse in den Wok geben und alles unter Rühren etwa 2 Minuten braten. Mit Pfeffer und Salz abschmecken.

Variation
Die Lauchnudeln schmecken auch sehr gut, wenn Sie sie mit Ingwer zubereiten. Dafür 1 walnussgroßes Stück frischen Ingwer schälen, fein hacken und mit dem Knoblauch im Wok anbraten. Statt mit Nudeln können Sie die Pfanne auch mit Reis zubereiten. Dafür 150 g Minutenreis in reichlich heißes, leicht gesalzenes Wasser geben und etwa 8 Minuten garen.

Zutaten

etwas Salz · 3 EL Sojaöl ·
400 g breite Bandnudeln
40 g gehackte Haselnüsse
400 g kernlose Weintrauben
1 EL Walnussöl, ersatzweise ein
neutrales Pflanzenöl ·
1 P. Vanillezucker ·
2 EL Semmelbrösel
$^1/_2$–1 TL Zimtpulver

Für 4 Personen
Zubereitungszeit: ca. 25 Min.
ca. 650 kcal je Portion

Süße Bandnudeln mit Trauben

1 Reichlich Wasser mit etwas Salz und 1 EL Sojaöl aufkochen und die Bandnudeln darin nach Packungsanleitung bissfest garen.

2 Inzwischen die gehackten Haselnüsse im Wok ohne Zugabe von Fett rösten. Die Nüsse auf einen Teller schütten.

3 Die Weintrauben waschen, von den Stielen zupfen und abtropfen lassen. Die Nudeln in ein großes Sieb abgießen, mit kaltem Wasser abschrecken und gut abtropfen lassen.

4 Den Wok wieder erhitzen, das Öl hineingeben und die Nudeln darin anbraten. Die Nudeln dabei mit dem Vanillezucker und den Semmelbröseln bestreuen

5 Die Trauben zu den Nudeln geben und 1–2 Minuten mitbraten. Alles mit dem Zimtpulver abschmecken. Zum Schluss die gehackten Haselnüsse untermischen.

Tipp
Vor dem süßen Hauptgericht können Sie eine leichte, schnell zubereitete Gemüsecremesuppe servieren. Für 4 Portionen 300 g gemischtes TK-Gemüse in etwas Butter andünsten und dann in 1 l Gemüsebrühe (Instant) etwa 10 Minuten gar kochen. Die Gemüsesuppe mit Salz und Pfeffer abschmecken, pürieren und mit 200 ml Milch oder Sahne verfeinern. Die Suppe vor dem Servieren mit 1 EL TK-Kräutern bestreuen.

einfach ●
preiswert ●
<300 kcal ●
Vitalstoffe ●
scharf ●
raffiniert ●
für Kids ●
für Gäste ●

Hackfleischpfanne mit Chinakohl

- ● einfach
- ● preiswert
- ● <300 kcal
- ● Vitalstoffe
- ● scharf
- ● raffiniert
- ● für Kids
- ● für Gäste

Zutaten

1 Knoblauchzehe · 1 rote Paprikaschote · 2 Frühlingszwiebeln ·
1 kleiner Chinakohl (200 g)

2 EL Öl · 200 g gemischtes
Hackfleisch

3 EL Sojasauce · etwas Salz ·
etwas Cayennepfeffer

1/2 Bund Koriander, ersatzweise
Petersilie

Für 2 Personen
Zubereitungszeit: ca. 20 Min.
ca. 220 kcal je Portion

1 Den Knoblauch schälen und fein würfeln. Die Paprikaschote putzen, vierteln, entkernen, waschen und dann grob würfeln. Die Frühlingszwiebeln putzen, waschen und in schräge Röllchen schneiden. Anschließend den Chinakohl zerteilen, putzen, waschen und in etwa 2 cm breite Streifen schneiden.

2 Den Wok erhitzen. Das Öl hineingeben und sehr heiß werden lassen. Das Hackfleisch darin unter Rühren etwa 5 Minuten braun anbraten.

3 Knoblauch, Paprika und die weißen Zwiebelröllchen hinzufügen und unter Rühren einige Minuten mitbraten. Zuletzt die Kohlstreifen und das Grün der Frühlingszwiebeln untermischen und noch 2 Minuten braten. Mit Sojasauce, Salz und Cayennepfeffer würzen.

4 Den Koriander oder die Petersilie waschen, trockentupfen, fein schneiden und vor dem Servieren über das Gericht streuen. Die Korianderblättchen nach Belieben ganz lassen.

Tipp
Wenn Sie es einmal sehr eilig haben, können Sie auch Gemüse aus der Tiefkühltruhe nehmen. Sehr gut eignen sich TK-Frühlingsgemüse oder aber eine asiatische TK-Gemüsemischung. Geben Sie das Gemüse unaufgetaut in den Wok und dünsten Sie es bei mittlerer Hitze, sodass das Gemüse auftauen und garen kann. Zuvor gebratenes Fleisch zuletzt wieder dazugeben.

Kalbsschnitzel mit Zitronensauce

- ✚ einfach
- ✚ preiswert
- ✚ <300 kcal
- ● Vitalstoffe
- ● scharf
- ● raffiniert
- ● für Kids
- ● für Gäste

Zutaten

4 dünne, kleine Kalbsschnitzel (je etwa 60 g) · etwas Salz · etwas schwarzer Pfeffer aus der Mühle · 1 Zitrone

2 EL Öl

$^1/_4$ l Brühe (Instant oder Fond aus dem Glas) · 1 EL Kapern

einige Zweige Basilikum

Für 2 Personen
Zubereitungszeit: ca. 20 Min.
ca. 170 kcal je Portion

1 Die Kalbsschnitzel abspülen, trockentupfen, leicht flach klopfen und mit Salz und Pfeffer würzen. Die Zitrone halbieren, eine Hälfte auspressen, die andere in Spalten schneiden.

2 Den Wok erhitzen. Das Öl hineingeben und sehr heiß werden lassen. Die Schnitzel darin von beiden Seiten hellbraun anbraten.

3 Die Brühe und den Zitronensaft angießen und das Fleisch 3–4 Minuten bei schwacher Hitze garen. Zum Schluss die Kapern hinzufügen und kurz mit erhitzen.

4 Inzwischen das Basilikum waschen, trockentupfen und hacken. Die Kalbsschnitzel mit den Zitronenspalten und dem Basilikum anrichten.

Tipp
Dazu schmecken am besten Bandnudeln. Setzen Sie die Nudeln gleich zu Beginn auf, dann sind sie mit den Schnitzeln fertig. Wenn Sie zusätzlich eine schnelle Gemüsebeilage servieren wollen, nehmen Sie TK-Erbsen oder ein anderes TK-Gemüse.

Zutaten

250 g schmale grüne Bandnudeln · etwas Salz

200 g frischer Blattspinat · 3 Knoblauchzehen

2 EL Öl · 50 g Mandelstifte

250 g Sahne

etwas schwarzer Pfeffer aus der Mühle

Für 2 Personen
Zubereitungszeit: ca. 20 Min.
ca. 470 kcal je Portion

Grüne Nudeln in Knoblauch-Mandel-Sauce

1 Die Bandnudeln in Salzwasser nach Packungsanweisung bissfest kochen und gut abtropfen lassen.

2 Den Spinat putzen, dabei grobe Stiele entfernen. Die Spinatblätter waschen und in Streifen schneiden. Die Knoblauchzehen schälen und fein hacken.

3 Den Wok erhitzen, das Öl hineingeben und darin den Knoblauch und die Mandelstifte kurz anrösten. Beides wieder herausnehmen und beiseite stellen.

4 Die Sahne in den Wok geben und bei starker Hitze auf etwa die Hälfte einkochen lassen. Den Spinat hinzufügen und etwa 1 Minute mitkochen, bis er zusammenfällt.

5 Die Nudeln, den Knoblauch und die Mandeln vorsichtig unter den Spinat mischen und alles mit Salz und Pfeffer abschmecken.

einfach ⊕

preiswert ⊖

<300 kcal ⊖

Vitalstoffe ⊖

scharf ⊖

raffiniert ⊖

für Kids ⊖

für Gäste ⊕

Zutaten

4 frische Eier · 1 EL Sojasauce ·
etwas Salz · etwas Cayennepfeffer · 100 g Räucherlachs
2 Frühlingszwiebeln ·
1/2 Bund Koriander, ersatzweise Petersilie
2 EL Öl

Für 2 Personen
Zubereitungszeit: ca. 15 Min.
ca. 210 kcal je Portion

Rührei mit Räucherlachs

1 Die Eier mit Sojasauce, Salz und Cayennepfeffer verquirlen. Den Lachs in
Streifen schneiden.

2 Die Frühlingszwiebeln putzen, waschen
und in schmale Ringe schneiden. Den
Koriander waschen, trockentupfen und in
feine Streifen schneiden.

3 Den Wok erhitzen, das Öl hineingeben
und darin die Frühlingszwiebeln einige
Minuten anbraten.

4 Die Eier und die Lachsstreifen dazugeben
und so lange garen, bis die Masse zu
stocken beginnt. Die gestockte Masse an
den Rand schieben. Das Rührei mit Koriander bestreut servieren.

- einfach
- preiswert
- < 300 kcal
- Vitalstoffe
- scharf
- raffiniert
- für Kids
- für Gäste

Variationen
Dieses Eiergericht lässt sich
leicht variieren: Nehmen Sie
z. B. statt Räucherlachs in
Streifen geschnittenen Schinken oder ergänzen Sie das
Gericht mit Paprikastreifen,
die Sie ebenfalls mitdünsten.
Lecker sind auch frische
Champignons. Sie werden
mit den Lauchzwiebeln angebraten. Für 2 Personen brauchen Sie 75 g braune oder
weiße Champignons und 1 EL
Öl zusätzlich.

Wirsing in Käsesahne

Zutaten

60 g mageren Speck ·
400 g Wirsing
3 Schalotten · 125 g Sahne ·
50 g geriebener Emmentaler (aus
der Tüte) · etwas Salz · etwas
schwarzer Pfeffer aus der Mühle ·
etwas geriebene Muskatnuss
1 EL Öl
1 EL Butter
1 EL TK-Petersilie

Für 2 Personen
Zubereitungszeit: ca. 20 Min.
ca. 350 kcal je Portion

einfach ⊖
preiswert ⊕
<300 kcal ⊖
Vitalstoffe ⊕
scharf ⊖
raffiniert ⊖
für Kids ⊕
für Gäste ⊖

1 Den Speck in feine Streifen schneiden.
Den Wirsing waschen, putzen, vierteln
und in etwa 1 cm breite Streifen schneiden.

2 Die Schalotten schälen und fein würfeln.
Die Sahne mit dem Käse verrühren und
mit Salz, Pfeffer und Muskat würzen.

3 Den Wok stark erhitzen, das Öl hineingeben und darin den Speck etwa 1 Minute
kross anbraten. Den Speck wieder herausnehmen und beiseite stellen.

4 Die Butter im Wok erhitzen und die Schalotten darin etwa 20 Sekunden braten.
Den Wirsing hinzufügen und alles etwa
5 Minuten unter ständigem Rühren braten.

5 Die Käsesahne angießen und den Wir-
sing noch etwa 3 Minuten ziehen lassen.
Die gefrorene Petersilie unterheben und das
Gericht mit den Speckstreifen garnieren.

Tipps
Zu diesem Gericht passt ein
schnelles Kartoffelpüree aus
der Tüte.
Eine ausgefallene, schnell
zubereitete Beilage sind
Gnocchi aus dem Kühlregal
des Supermarkts. Sie müs-
sen nur 2–3 Minuten in
heißem, nicht mehr kochendem Wasser gar ziehen.

Turbo-Rezepte für zwei

Huhn mit Ananas

- einfach
- preiswert
- <300 kcal
- Vitalstoffe
- scharf
- raffiniert
- für Kids
- für Gäste

Zutaten

250 g Hähnchenbrustfilet ·
1 TL Speisestärke · etwas Salz ·
etwas schwarzer Pfeffer aus der
Mühle

200 g Ananasstücke (aus der
Dose)

2 EL Öl

1 TL Ingwerpulver · $1/2$ TL milder
Curry · 1 EL Sojasauce

Für 2 Personen
Zubereitungszeit: ca. 30 Min.
ca. 250 kcal je Portion

1 Das Fleisch waschen, trockentupfen und in schmale Streifen schneiden. Die Speisestärke, Salz und Pfeffer auf einem Teller mischen. Das Fleisch darin von beiden Seiten wenden.

2 Die Ananasstücke in einem Sieb abtropfen lassen und den Saft dabei auffangen.

3 Den Wok stark erhitzen, das Öl hineingeben und darin das Fleisch unter Rühren in etwa 5 Minuten beinahe gar braten.

4 Die Ananasstücke zufügen. Mit Ingwerpulver, Curry und Sojasauce abschmecken. Alles noch etwa 5 Minuten im geschlossenen Wok ziehen lassen.

Variation
Dieses Gericht schmeckt auch süß-sauer sehr lecker. Dafür geben Sie an die Sauce zusätzlich 2 EL milden Essig, z. B. Apfelessig.
Probieren Sie das Huhn mit Mandarinorangen (etwa 200 g, aus der Dose). Sie geben dem Gericht einen feinfruchtigen Geschmack und sehen schön aus.

Tipp
Wenn es schnell gehen muss, können Sie zu dem Huhn ein knackig frisches Baguette servieren. Sehr gut passt auch ein grüner Salat mit einer leichten Joghurtsauce. Dafür 2 EL Joghurt mit 1 TL Zitronensaft, 2 EL Milch, 1 Prise Zucker und etwas Salz verrühren. Den Kopfsalat waschen, trockenschütteln und klein zupfen. Kurz vor dem Servieren die Salatsauce darüber geben.

Zutaten

1 kleine rote Chilischote ·
1 walnussgroßes Stück frischer
Ingwer · 1 Knoblauchzehe

300 g Zuckerschoten, ersatzweise TK-Erbsen · 300 g Möhren ·
2 Frühlingszwiebeln

2 EL Öl

200 ml Kokosmilch (aus der
Dose) · 1 EL Curry · 2 EL Sojasauce · etwas Salz

Für 2 Personen
Zubereitungszeit: ca. 20 Min.
ca. 160 kcal je Portion

Scharfes Gemüsecurry

- ⊕ einfach
- ⊖ preiswert
- ⊕ < 300 kcal
- ⊖ Vitalstoffe
- ⊕ scharf
- ⊕ raffiniert
- ⊖ für Kids
- ⊖ für Gäste

1 Die Chilischote putzen, unter fließendem Wasser entkernen und in feine Streifen schneiden. Wenn man nicht mit Haushalts- handschuhen arbeitet, danach sofort die Hände waschen. Ingwer und Knoblauch schälen und fein würfeln.

2 Die Zuckerschoten putzen, waschen und jeweils schräg dritteln. Die Möhren schälen, waschen und in dünne Scheiben schneiden. Die Frühlingszwiebeln putzen, waschen und in Röllchen schneiden.

3 Den Wok erhitzen, das Öl hineingeben und darin Knoblauch, Ingwer und Chili unter Rühren anbraten. Zuckerschoten, Möhren und das Weiße der Frühlingszwie- beln dazugeben und unter Rühren etwa 3 Minuten mitbraten.

4 Kokosmilch, Curry und Sojasauce hinzu- fügen, alles einmal aufkochen lassen und mit Salz abschmecken. Zuletzt das Frühlingszwiebelgrün unterheben.

Tipp
Wenn es ganz schnell gehen muss, können Sie Baguette oder Minutenreis dazu ser- vieren. In gut 20 Minuten lässt sich aber auch Lang- korn- oder Basmatireis zu- bereiten.

Zutaten

200 g Schweinefilet ·
1 große Zwiebel ·
1 großer säuerlicher Apfel

2 EL Öl

70 ml trockener Apfelwein, ersatzweise klare Brühe (Instant) ·
1 TL Honig · etwas Salz · etwas
schwarzer Pfeffer aus der Mühle ·
einige Stiele Zitronenmelisse,
ersatzweise 1/2 Bund glattblättrige Petersilie

1 EL Preiselbeerkompott ·
1/2 TL Speisestärke

Für 2 Personen
Zubereitungszeit: ca. 25 Min.
ca. 190 kcal je Portion

Schweinefilet mit Äpfeln

1 Das Schweinefilet waschen, trockentupfen und in Scheiben schneiden. Die Zwiebel schälen und in Streifen schneiden. Den
Apfel waschen, vierteln, entkernen und in
Spalten schneiden.

2 Den Wok stark erhitzen, das Öl hineingeben. Die Filetscheiben darin unter
Rühren von allen Seiten scharf anbraten.
Gegarte Fleischscheiben am Wokrand hochschieben. Die Zwiebelstreifen und Apfel-
spalten hinzufügen und unter Rühren etwa
2 Minuten mitbraten.

3 Den Apfelwein angießen und den Honig
einrühren. Alles mit Salz und Pfeffer
abschmecken und zugedeckt 3–4 Minuten
garen. Inzwischen die Zitronenmelisse bzw.
die glattblättrige Petersilie waschen,
trockentupfen und die Blättchen abzupfen.

4 Das Preiselbeerkompott unterrühren. Die
Speisestärke mit 2 EL kaltem Wasser verquirlen und in die Sauce einrühren. Alles
noch einmal aufkochen lassen. Das Schweinefilet mit den Melisseblättchen servieren.

Tipps
Hierzu schmeckt Kartoffel-
gratin oder TK-Kroketten.
Statt mit Honig können Sie
das Schweinefilet auch mit
rheinischem Apfelkraut abschmecken. Es ist ideal zum
Abrunden von fruchtig pikan-
ten und asiatischen Gerichten und ersetzt nicht nur die
Prise Zucker, sondern hat
auch ein fein-säuerliches
Aroma.

einfach ●
preiswert ●
<300 kcal ●
Vitalstoffe ●
scharf ●
raffiniert ●
für Kids ●
für Gäste ●

Alphabetisches Rezeptverzeichnis

Rezeptverzeichnis nach Kapiteln

Im FALKEN Verlag sind zahlreiche Titel zum Thema „Essen und Trinken" erschienen.

Sie erhalten sie überall dort, wo es Bücher gibt.

Sie finden uns im Internet: **www.falken.de**

Dieses Buch wurde auf chlorfrei gebleichtem und säurefreiem Papier gedruckt.

Der Text dieses Buches entspricht den Regeln der neuen deutschen Rechtschreibung.

Impressum

Umschlagkonzeption: Martina Eisele, München
Umschlaggestaltung: Digital Design GmbH Borgers, Hünstetten
Layout: Johannes Steil, Wiesbaden
Redaktion: Dirk Katzschmann und Olaf Rappold (red.sign, Stuttgart)
Koordination und Schlussredaktion: Birgit Hinsch (FALKEN Verlag)
Herstellung: Petra Zimmer (FALKEN Verlag) und red.sign, Stuttgart
Weitere Fotos auf dem Umschlag: Die Bilder auf der Umschlaginnenseite vorne wurden dem FALKEN Verlag freundlicherweise von der Autorin und dem Fotografen zur Verfügung gestellt.
FALKEN Archiv: W. Feiler: Umschlagklappe, hinten, innen, li. o., li. M. und li. u. sowie re. o., re. M. und re. u.

Rezeptfotos: Michael Brauner, Karlsruhe
Weitere Fotos im Innenteil: Amos Schliack, Hamburg: S. 5 re. o., 6 li. u., 7, 8, 9 li. o.
Satz: red.sign, Stuttgart
Druck: Druckhaus Cramer, Greven

ISBN 3 8068 2734 6

© 2000 by FALKEN Verlag, 65527 Niedernhausen/Ts.

817 2635 4453 6271